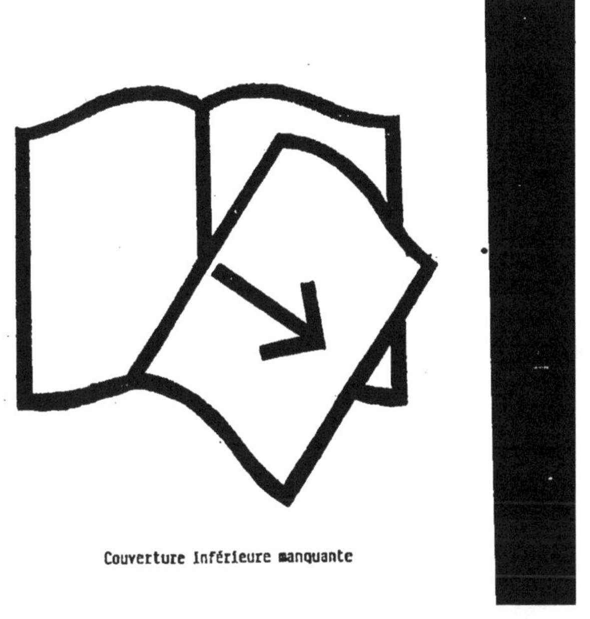

Couverture inférieure manquante

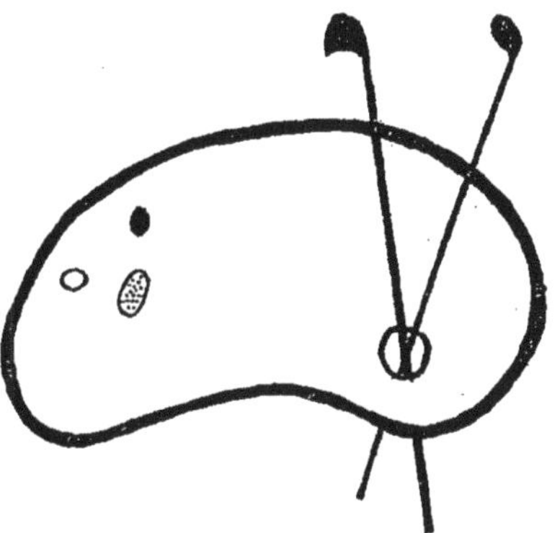

DEBUT D'UNE SERIE DE DOCUMENTS
EN COULEUR

LIEUT.ᵗ **LEMAIRE CH.**

AU CONGO

★

COMMENT LES NOIRS TRAVAILLENT

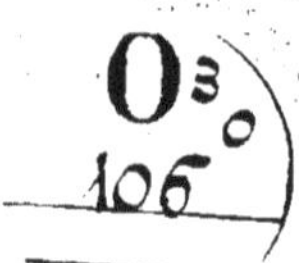

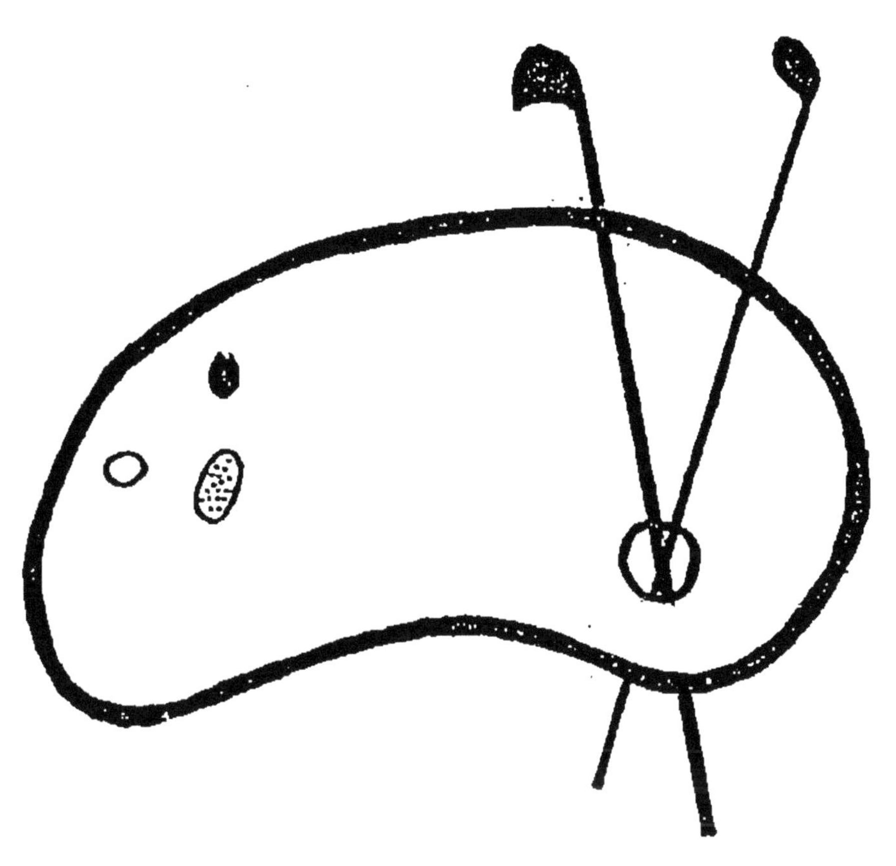

FIN D'UNE SERIE DE DOCUMENTS
EN COULEUR

Comment les noirs travaillent

PAR LE LIEUTENANT **LEMAIRE**, Ch., DU 2ᵉ RÉGIMENT D'ARTILLERIE,

ANCIEN COMMISSAIRE DU DISTRICT DE L'ÉQUATEUR, MEMBRE CORRESPONDANT DE L'INSTITUT COLONIAL INTERNATIONAL.

Dessins du Lieutenant **Masui**,

Photographies de MM. **Grenfell, Lemery, Alexandre, Michel,** etc., etc.

BRUXELLES

IMPRIMERIE SCIENTIFIQUE

CH. BULENS

22, rue de l'Escalier, 22

1895

Ouvrages du Lieutenant Lemaire :

E L'UTILISATION DE L'INDIGÈNE
POUR LE DÉVELOPPEMENT DE L'ÉTAT
INDÉPENDANT DU CONGO.

Je pourrais, comme début à cette étude, énumérer les diverses races qui peuplent le Congo; les différencier par leur aspect physique et leurs mœurs; dire un mot des Bantous et des Nigritiens, des Fans ou Pahouins et des Momboutous; exposer ce que nous savons des migrations de tribus, révélant un mouvement général des peuples de l'Afrique équatoriale occidentale de l'Ouest vers l'Est, avec inflexion vers le Sud; dégager les enchevêtrements de races; citer les mensurations crâniennes grâce auxquelles on a réparti les Congolais en tant pour cent de dolicocéphales ou gens à tête allongée, de brachycéphales ou têtes courtes, de mésocéphales et mésaticéphales ou têtes moyennes, de sous-brachycéphales et d'hyperdolicophales.....

Et quand j'aurais développé tous ces points, j'aurais peut-être réussi à intéresser quelques lecteurs, mais j'aurais perdu mon temps pour le but que je me suis proposé et qui est de montrer l'indigène congolais travailleur.

L'idée que nous nous faisons du noir, — je parle ici pour la grande majorité des Belges, — a souvent eu comme point de départ la vue des sauvages de foire dévorant des lapins vivants, et essayant de nous donner par des danses, des contorsions et un accoutrement aussi bizarres que possible, une notion bien nette des anthropophages qui là-bas, tout là-bas, quelque part bien loin, on ne sait trop guère où, peuplent des forêts inextricables qu'ils se partagent avec des foules gambadantes de singes, des nuées criardes de perroquets, des multitudes de serpents plus boas les uns que les autres.

Que si on lit les récits de voyages à l'usage de la jeunesse, l'impression première produite par le sauvage de foire s'accentue plutôt que de s'affaiblir, et comme, la plupart du temps, ces impressions du jeune âge et de l'adolescence sont très persistantes, on en arrive à avoir cette idée fixe que les anthropophages passent tout leur temps à chercher leur proie, sur laquelle ils bondissent en rugissant comme des tigres toujours altérés de sang, en remuant leurs mâchoires comme des castagnettes, en roulant des yeux blancs tandis que leur massue tournoie par-dessus leurs têtes garnies de chapeaux à plumes ornés de dents humaines et de doigts desséchés.

. . . .

On a aussi notion d'un autre noir : l'esclave des plantations d'Amérique, celui de la *Case de l'Oncle Tom.*

. . . .

On sait encore que le nègre a fait l'objet d'un grand commerce connu sous le nom de commerce de bois d'ébène, que c'est une espèce de bête de somme, de brute, qu'on frappe pour sa paresse et tous ses vices.

Bref, le nègre est pour bien des gens plutôt un être repoussant qu'autre chose, et l'on englobe tous les nègres dans ce même sentiment irraisonné.

Or, il y a nègre et nègre, comme il y a blanc et blanc, et nous allons tout de suite faire deux grandes classes :

Les nègres, disons plutôt les noirs, que le blanc a effectivement traités en êtres inférieurs, dégradés et méprisables, bons pour peiner et mourir à la tâche ;

Et les noirs avec lesquels le blanc n'a pas eu de contact avant ces toutes dernières années.

A la première classe appartiennent tous les noirs des deux Amériques, et d'une étroite bande côtière sur tout le pourtour de l'Afrique.

A la deuxième classe appartiennent les noirs de l'Afrique intérieure et particulièrement de l'État Indépendant du Congo.

M. Wentworth-Linebarger, avocat de Chicago, a dernièrement, à la Société d'Études coloniales, développé la condition sociale des noirs aux États-Unis : je retiendrai de son exposé que le noir d'Amérique « est paresseux, ne travaille guère volontiers et ne cesse d'être oisif que quand il le faut, contraint par la nécessité.

» Le noir reste très inférieur au blanc; il n'a pas le même esprit de concurrence.

» Depuis son émancipation, le noir d'Amérique est en proie à une influence défavorable : celle de l'alcoolisme. »

Voilà j'espère des affirmations qui permettent bien aux adversaires de la colonisation du Congo par les Belges, de crier à leurs compatriotes, en leur âme et conscience : « Casse-cou! casse-cou! casse-cou! »

Un moment, cependant.

Cette paresse, cette infériorité, cette passion de l'alcool des noirs de l'Amérique, sont-elles innées ou ont-elles été développées par des circonstances spéciales?

Or, ne savez-vous pas de qui descendent ces noirs? Ne savez-vous pas qu'ils sont les arrière-petits-fils de ceux qu'on appela si longtemps le « bois d'ébène »?

Ne savez-vous pas qu'il y a quelques années à peine la gigantesque masse de l'Afrique n'apparaissait encore à l'imagination troublée que comme une accumulation de ténèbres? Les bords en étaient

connus, mais il n'y venait que d'horribles négriers, dont les bâtiments de transport s'appelaient des « tombeaux »; du côté de l'Asie et de l'Europe, nos civilisations avaient voulu s'épanouir, mais s'étaient éteintes sans aucun germe; nous en voyions arrachées et extraites, depuis des époques indéterminées, par convois

et par cargaisons incessamment renouvelés, des foules et des multitudes de familles humaines, dont la provision devait être intarissable.

Et les siècles s'écoulaient! Et avec eux s'effaçaient toute sensibilité et toute pitié! Le nègre n'était vraiment qu'une bête de somme et la vue de la race noire, mise en coupe réglée depuis toujours, comme une moisson mûre, ne troublait plus l'œil même du philosophe ou du religieux! Et ces torrents de sang jaillissant du sein de l'Afrique semblaient des fleuves comme les autres, faits pour couler dans le lit qu'on leur creuserait, sans souci de leurs sources qui étaient pourtant des artères vivantes.

Où allaient donc ces malheureux?

Aux plantations des blancs, en Amérique, pour y travailler sans relâche sous le fouet toujours, sous les supplices souvent.

On nourrissait la bête de somme; on la parquait par groupes.

Et c'était tout!

Pas d'instruction! Pas d'éducation! Ils ne pouvaient, les noirs d'Amérique, s'accoupler comme les bêtes les plus sauvages font aux sombres profondeurs des forêts tropicales! Les maîtres pratiquaient l'élevage du nègre, comme on pratique l'élevage des chevaux et du bétail.

Parfois un misérable essayait de se sauver; il brisait ses chaines; il fuyait!

Peine vaine!

Bientôt sur sa piste s'élançaient les chiens excités par la voix du maître; bientôt le fugitif était découvert par cette meute où l'homme blanc était plus féroce, plus fauve que ses molosses; et souvent ce fauve à face humaine laissait ses chiens déchirer le misérable noir jusqu'à ce que mort s'ensuivit.

C'est un pareil épisode qui a inspiré un de nos compatriotes, le sculpteur Samain, dans son groupe « Nègres poursuivis par des chiens ». Le bloc de marbre blanc d'où M. Samain a fait artistement surgir ses deux esclaves nègres qui ont brisé leurs chaînes pour fuir le maître maudit, et que des molosses lacèrent de leurs crocs, doit être bientôt placé à l'avenue Louise.

Ce sera un reproche incessant aux hommes de nos souches qui furent si cruels.

Telle était la situation.

. . . .

Puis un jour, des apôtres se levèrent pour l'émancipation et le rachat des nègres dans les contrées ouvertes à la civilisation.

En 1722, la justice anglaise décida que « tout esclave qui mettait le pied sur le sol anglais recouvrait la liberté, qui ne pouvait plus lui être enlevée ». En 1807 seulement, presque un siècle plus tard, les Chambres anglaises décrétèrent l'abolition complète de la traite dans toutes les possessions anglaises.

Des négociations, des congrès, des traités, des lois (1) créèrent des courants de pitié qui, de proche en proche, gagnèrent tous les peuples, et nulle part où des hommes de nos souches étaient établis, l'esclavage ne fut plus souffert. Une guerre terrible

(1) Paris, 1814. — Vienne, 1815. — Loi de 1818. — Vérone, 1822. — Paris et Londres : 1831 et 1833 ; etc.

et superbe, la Guerre de Sécession l'avait extirpé de la République du Nord américain : c'était en 1865.

En 1888, le Brésil décrétait l'émancipation de ses noirs.

1888, c'est hier cela !

C'est aujourd'hui !

L'Amérique est à peine sortie de l'esclavage !

Étonnez-vous alors de la haine inexorable qui existe, surtout dans l'Amérique du Sud, entre la race blanche et la race noire.

Comment voudriez-vous que ces nègres, si longtemps opprimés et exploités, toujours exploités, n'aient pas dégénéré à tous les points de vue : physique, intellectuel, moral ?

Physique, tandis que les races de l'Afrique qui sont restées sans contact avec le blanc sont merveilleuses de robustesse ; on en a vu 150 types à l'Exposition d'Anvers. Et nous ne partageons pas du tout l'avis de ceux qui croient que la sélection faite par les maîtres américains parmi leurs esclaves a amélioré physiquement la race.

Intellectuel et *moral*, car les bêtes qu'on frappe s'abrutissent et deviennent hargneuses quand un reste de vigueur leur revient de temps en temps.

Ne savez-vous pas que dans l'Amérique du Sud les mariages entre blancs et noirs ne sont pas reconnus par la loi?

Il y a des avocats noirs, des médecins noirs, des ingénieurs noirs, etc.

Un blanc peut recourir à eux; le médecin nègre lui sauvera la vie; l'avocat noir lui sauvera honneur et fortune...

Mais le blanc ne pourra que payer son sauveur en argent; qu'il n'accepte pas l'hospitalité chez ce médecin, chez cet avocat de couleur; qu'il n'aille pas s'asseoir à leur table, sinon il est déshonoré devant le reste des blancs.

Dans les trains, sur les steamers, partout blancs et noirs sont séparés; dans les hôtels jamais ils ne seront à la même table.

Et cela se passe aujourd'hui!

Et nous, blancs, nous faisons état des résultats engendrés par l'injustice séculaire des hommes de notre souche, pour dire que le noir de l'Afrique intérieure est à peine digne du nom d'homme à civiliser, et qu'il doit être comme le noir d'Amérique paresseux, ivrogne, enclin à tous les vices! Et qu'en conséquence il faut l'abandonner à lui-même et abandonner avec lui les pays immenses peuplés de millions et de millions de ces « sales nègres! »

Eh bien! voilà contre quoi nous protestons de toutes nos forces, en notre nom et au nom des Belges qui furent les premiers hommes blancs aperçus, en ces toutes dernières années, par ces millions de noirs; et nous protestons aussi au nom de la Belgique entière à qui l'on ose proposer un véritable crime de lèse-humanité, en lui demandant l'abandon de cette race noire qui a désormais, nous le lui avons promis au nom des Belges, le droit de compter sur notre pays.

A quoi aurait donc servi un labeur de quinze ans, auquel s'applique, mieux que jamais, l'appréciation de de Brazza : « Travail de Titan accompli avec des moyens de Pygmée »? A quoi auraient donc servi une série ininterrompue de succès scientifiques, économiques, moraux, militaires; l'appel à la vie civilisée de tout le cœur de l'Afrique; l'anéantissement, dans des territoires cent fois grands comme la mère-patrie, de la race maudite dont les razzias envoyaient sur les marchés d'Europe l'ivoire volé et sanglant, dans les harems d'Orient les orphelines violées; l'ordre, la justice, le travail, la foi, révélés à des millions d'êtres humains; l'admiration imposée au monde entier?

Nous nous serions donc trompés en nous imaginant que cela affirmait et consolidait l'œuvre du Roi-Souverain, affirmait et consolidait l'indépendance de la Belgique, affirmait et consolidait notre volonté de garder parmi les nations civilisées une place digne d'envie, un rôle d'apôtre et de croisé, la gloire impérissable d'avoir osé, nous, si petits par nos limites, prendre à la gorge le mal hideux, l'immense et fondamentale question de la traite!

Nous nous sommes trop donnés à la race noire pour avoir encore le droit de l'abandonner.

En 1888 seulement, je viens de le dire, le Brésil décrétait l'émancipation de ses noirs.

Il ne restait plus que l'Afrique, sombre entrepôt, close à tout rayon d'humanité, livrée aux mains rapaces et sanguinaires qui fouillaient ses entrailles.

Le 2 juillet 1890 est proclamé l'Acte de la Conférence de Bruxelles; le 2 avril 1892, cet acte entre en vigueur.

Et nous avons vu, l'an dernier, la Belgique transportée au retour des expéditions antiesclavagistes, haletante d'enthousiasme à l'approche de Dhanis; saisie d'un engouement indicible pour l'exposition du Congo, heureux signe des temps, démonstration évidente de l'intérêt et de la sympathie que tous les cœurs généreux portent maintenant aux choses d'Afrique; honorée des éloges sans restriction des étrangers, tel le lieutenant - colonel Léonide d'Artamonoff, de l'état-major (Askabad Transkaspien) qui, de passage à Anvers, m'exprimait (en un français un peu tourmenté mais combien touchant) l'admiration que les Russes d'au delà le Caucase ont pour les Belges au Congo; recevant et acclamant dans ses vieux hôtels communaux, dans ses salons, au sein de ses sociétés savantes, des noirs qui disent : « Merci aux Belges, pour la rédemption de notre race ! »

Oui, notre empreinte sur le sol d'Afrique doit être désormais ineffaçable.

Je dis notre empreinte, et je m'explique.

Nos coloniaux improvisés ont pris l'habitude de

jouer ferme du Leroy-Baulieu en le tronquant d'ailleurs de manière à lui faire dire ce qu'eux seuls y comprennent. Ouvrons aussi Leroy-Baulieu et citons-le sans corrections.

Parlant des colonies d'exploitation allemandes en Afrique, cet économiste écrit :

« L'intérêt de la civilisation est que tous les peuples européens mettent leur empreinte spéciale sur une partie du monde restant à occuper. Le monde gardera ainsi un peu plus de variété et risquera moins de s'endormir dans l'uniformité des méthodes et des conceptions. »

Quelques pages plus loin, dans son édition de 1891, Leroy-Baulieu rappelle d'abord ce qu'il écrivait en 1885 au sujet de l'Etat du Congo :

« Ce nouvel Etat, sans répondant en Europe, est à coup sûr une des conceptions les plus curieuses du droit européen.

. . . .

» Il est permis de croire que, dans son existence, le nouvel Etat du Congo devra subir, au point de vue de sa constitution intérieure, de profonds remaniements. Il ne paraît guère vraisemblable que, dans sa forme actuelle, il puisse réaliser une tâche considérable.

. . . .

» Il est vraisemblable que l'on aura à choisir entre ces deux solutions : ou laisser l'Etat du Congo végéter avec son organisation incomplète et ne tirer presque aucun parti des immenses territoires qu'il comprend, ou transformer l'Etat du Congo en colonie d'une nation civilisée déterminée qui en réponde et qui l'organise.

» Nous croyons que la force des choses devra mener à cette dernière solution.

» Or, ce qui serait souhaitable et naturel, c'est que le peuple belge se décidât à prendre la succession de son roi; c'est qu'il transformât l'Etat du Congo en une colonie, placée sous la direction et sous la sauvegarde de la Belgique et ouverte au libre commerce de toutes les nations. La Belgique possède toutes les qualités et toutes les conditions pour réussir dans une œuvre de ce genre : elle est riche, entreprenante, très commerçante; dans sa nombreuse population elle compte beaucoup d'hommes qui ont le goût des aventures; les Belges se distinguent d'ailleurs par leur esprit pratique et positif; en Europe, il n'ont rien à craindre et rien à ambitionner.

» Ils pourraient diriger la colonisation du Congo, non pas sans aucun frais, mais à peu de frais, et ils en seraient amplement récompensés au bout d'un certain nombre d'années.

» Quant à fonder une colonie sans métropole, c'est à peu près comme espérer qu'un enfant au berceau pourrait se développer sans famille. On dira, il est vrai, que la colonie du Congo aura pour métropole collective l'ensemble des nations civilisées; c'est une situation comme celle d'un enfant trouvé qui, à défaut de parents propres, a pour famille la société tout entière. Il n'est pas, sans doute, absolument impossible de croître et de prospérer dans ces conditions, mais les difficultés sont telles qu'il est permis d'avoir dans le succès une confiance médiocre.

» L'expérience, en tout cas, sera intéressante. »

.   .   .   .

Et plus loin :

« Tant qu'une puissance européenne se bornera à occuper quelques points de la côte, à y construire quelques fortins et quelques factoreries, les résultats qu'elle obtiendra seront médiocres.

» L'Afrique est un pays dont les habitants ont peu de besoins, où la guerre, sous sa forme la plus sauvage, sévit en permanence, amenant avec elle la dépopulation et la misère, où les voies de communication manquent. Le commerce ne naîtra et ne s'étendra, dans cette partie du monde, que dans les régions où des puissances européennes auront établi leur autorité effective, leur souveraineté ou leur suzeraineté, où elles feront régner la paix avec l'appui d'une force disciplinée et docile, où elles empêcheront les guerres locales, les massacres, le pillage et l'esclavage, où elles ouvriront des voies de communication, soit simples routes, soit canaux, soit chemins de fer, où, par l'exemple et l'initiative de leurs propres nationaux, elles habitueront les indigènes à avoir plus de besoins, c'est-à-dire à travailler davantage et à faire plus d'échanges.

» On a dit, avec raison, que le signe le plus caractéristique de la civilisation, c'est la multiplicité des besoins. Aussi les seules contrées de l'Afrique où pourra se développer un commerce abondant seront celles qui se trouveront placées sous la direction effective et sous l'autorité réelle de puissances européennes.

» Les noirs d'Afrique sont, au milieu de l'humanité, des mineurs qui, pour parvenir à un certain état de civilisation et, par conséquent, à un degré un peu élevé de production et d'échanges, ont besoin d'être dirigés, guidés, gouvernés pendant un bon nombre de dizaines d'années par les Européens.

» Là où ces conditions ne seront pas remplies, le commerce restera toujours embryonnaire, parce qu'on ne peut guère trafiquer avec un peuple qui n'a ni vêtements, ni mobilier, ni instruments de travail, et qui, ne jouissant d'aucune sécurité au milieu d'une anarchie meurtrière (l'auteur cite ici les coutumes du Dahomey), ne sent aucun goût pour le travail prolongé, et regarde comme une duperie tout instinct de prévoyance.

» Ainsi, il ne sert de rien de prendre possession de quelques points sur les côtes d'Afrique si l'on n'est pas résolu à en faire le point de départ d'une œuvre lente de pénétration dans l'intérieur et d'occupation des districts situés loin de la mer.

» Cette politique pouvait réussir aux Indes, en Chine, dans tous les grands pays qui ont une population dense, déjà civilisée et jouissant de la paix. Sur les côtes d'Afrique cette méthode n'amènera que des déceptions. »

Voilà ce que Leroy-Baulieu écrivait en 1885.

En 1891, dans sa quatrième édition, nous lisons :

« Les cinq années écoulées ont, d'une façon littérale, vérifié nos prévisions. L'Etat du Congo que Stanley vient, dans son expédition récente, de parcourir dans ses régions inconnues du Nord, est en train de se faire une situation plus régulière et plus stable.

» Le roi Léopold, inquiet du sort de son œuvre, s'est décidé à la léguer à la Belgique : celle-ci consent à garantir un emprunt congolais, à subvenir dans une mesure déterminée aux charges du Congo pendant une vingtaine d'années.

» Il n'y a plus de doute qu'elle finira par s'en charger à tout jamais.

» L'Etat anonyme va devenir, dans toute la force du mot, un Etat belge; l'enfant trouvé, sans nom, sans protecteur durable, sans patrimoine, va être légitimé par le mariage subséquent; il devient un fils de famille.

» Quoique à cette union du roi Léopold et de la Belgique pour légitimer l'Etat du Congo, la France perde ses droits éventuels de préemption (ceci, répétons-le, est écrit en 1891), nous applaudissons à une solution si heureuse. Déjà un chemin de fer est en construction, qui va mettre le Congo navigable en relation avec la côte. La Belgique transformera ces immenses territoires en une belle colonie d'exploitation. Ce sera encore un nouvel élément de variété, précieux ferment de vie, dans la colonisation africaine. »

Ainsi donc Leroy-Baulieu considère le rôle de la Belgique devenue mère-patrie du Congo comme un nouvel élément de variété, précieux ferment de vie, dans la colonisation africaine.

Il importe d'insister sur ce point.

Rappelons que le même économiste signale à tout moment que l'intérêt de la civilisation demande que tous les peuples européens mettent leur empreinte spéciale sur une partie du monde restant à occuper.

Et quelle sera cette empreinte spéciale en ce qui concerne les Belges?

Nous avons fait en commençant deux grandes classes de noirs :

D'un côté les noirs que le blanc a traités en êtres inférieurs, dégradés et méprisables, bons pour peiner et mourir à la tâche ;

De l'autre, les noirs avec lesquels le blanc n'a pas eu de contact avant ces toutes dernières années.

Eh bien, nous pouvons aussi faire deux grandes classes parmi les nations blanches qui mettent aujourd'hui l'Afrique en rapport honnête :

D'un côté, les nations qui firent jadis activement la traite à la côte d'Afrique, c'est-à-dire les principaux Etats européens;

De l'autre, les nations dont le passé est vierge de cette souillure d'avoir vendu son semblable.

Et c'est à cette dernière classe qu'appartient la Belgique.

Ainsi donc, devant la race noire d'Afrique, la Belgique n'a à se reprocher, comme les autres nations européennes, aucun passé de traite; et de plus, elle se trouve au contact de populations qui n'ont pas connu le blanc avant d'avoir vu les Belges.

Pourrait-on concevoir, pourrait-on souhaiter de meilleures conditions de contact des deux races destinées à concourir à un travail commun : nous comme directive, eux comme main-d'œuvre?

C'est là que se révèle, de façon admirable, l'empreinte spéciale dont parle Leroy-Baulieu.

Et c'est ce qui explique les étonnants résultats obtenus par les Belges en Afrique, en si peu de temps, avec si peu de moyens.

Nous pouvons nous honorer d'avoir justifié complètement jusqu'ici la bonne opinion qu'a de nous le très distingué économiste français.

J'entre maintenant dans le cœur même de mon sujet.

*
* *

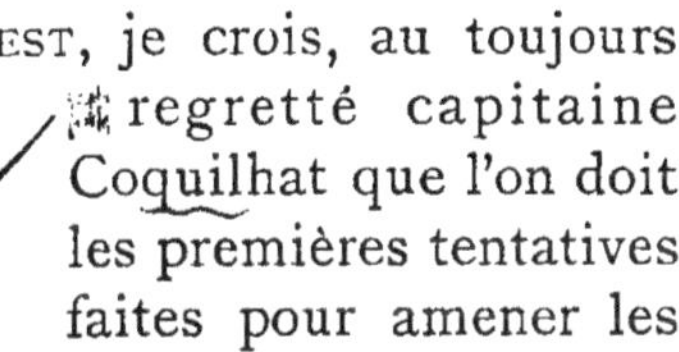

'EST, je crois, au toujours regretté capitaine Coquilhat que l'on doit les premières tentatives faites pour amener les anthropophages du cœur de l'Afrique, — qui n'avaient jamais vu d'autre blanc, — à travailler pour lui.

On sait que la première tentative d'installation, en janvier 1884, chez les Bangalas, échoua.

Ce fut Hanssens qui, le 4 mai suivant, ramena Coquilhat chez Mata-Buikè, et réussit à l'y installer.

Je souhaite qu'en ce moment tous ceux qui

s'occupent de l'œuvre congolaise, partisans ou adversaires, relisent le journal de Coquilhat : *Sur le Haut-Congo*.

Qu'on me permette d'en citer quelques rapides extraits :

« Le 3 juin (1884), nous posâmes les premiers montants de la charpente de la maison.

» Un problème nouveau se présentait : Iboko n'ayant aucune herbe fine pouvant servir de chaume pour les toits, la nécessité s'imposait d'employer, comme les Bangalas, les branches de palmier.

» Mes hommes ignoraient l'art de les tresser et de les placer.

» L'idée me vint naturellement de demander le concours des indigènes. Il y avait là un écueil à éviter. Si les Bangalas s'apercevaient que je ne pouvais me passer d'eux, ils me feraient des conditions léonines.

» Rien ne prouvait, au surplus, que ces natifs, peu habitués au travail, consentiraient à couvrir un toit de plus de cinq cents mètres carrés.

» Mais mon système de relations avec eux devait me servir.

» Outre mes rapports, que j'appellerai officiels, avec les chefs et les seigneurs importants, j'avais distingué dans la foule quelques jeunes gens de quinze à dix-huit ans qui me paraissaient éveillés, curieux et aimables. Leur âge est celui où l'homme n'a pas encore pris des mœurs définitives et est encore susceptible d'une nouvelle éducation. Par quelques marques de bienveillance, j'avais encouragé leur approche, dans les moments où les grands personnages étaient absents.

» Je m'étais ainsi formé une petite cour, assistant à presque tous mes repas, s'asseyant à mes pieds pendant les heures consacrées au repos par mes travailleurs, et par moi aux informations. L'honneur considérable de converser avec le blanc, alors que la masse était tenue à distance, flattait singulièrement ces jeunes hommes. J'y joignais, de temps à autre, une pipe de tabac et un gobelet de bière de canne à sucre.

» J'interrogeai négligemment mes amis sur la manière dont on confectionnait les toits du pays. Ils me répondirent que l'on s'y mettait à dix ou vingt, et que cela marchait très vite.

» — Je comprends cela, observai-je, pour vos petites maisons, mais pour revêtir la mienne de feuilles de palmier, vous n'y réussiriez pas, elle est trop grande.

» — Et pourquoi pas? dit l'un; nous sommes des gens forts, et je veux bien, avec dix de mes amis, m'engager à finir ce travail en quinze jours.

» Je le plaisantai et il fut piqué au vif. Il revint, les jours suivants, examiner la surface de mon toit, et me confessa qu'il faudrait bien vingt-cinq hommes et dix jours.

» Sur ma remarque que ce temps était beaucoup trop long, il me dit de prendre soixante hommes et que j'aurais fini en quatre jours.

» Il m'affirma que j'en trouverais autant que je voudrais.

» L'achat de branches de palmier séchées fut

commencé sans délai. Il en fallait plus de 25,000 et environ 3,ooo cordes de jonc.

» Le tout fut réuni en temps utile.

. . . .

» *16 juin.* — Mon toit est commencé. Au lieu d'une pénurie de travailleurs indigènes, j'en ai eu une surabondance; il a fallu en chasser. Les échafaudages étaient pris d'assaut. Puis l'on s'est mis à chanter; un obligeant spectateur a été chercher un tambour pour l'accompagnement.

» Le travail a marché très vite.

» Le quart du toit a été couvert. La reprise a duré de six à dix heures du matin.

» Les Bangalas ne travaillent pas au fort soleil.

» Il y avait cinquante hommes, six femmes et vingt-deux gamins à l'œuvre.

. . . .

LE concours des enfants ouvre toute une perspective d'espoir pour l'éducation de ce peuple.

» *17 juin.* — Le deuxième quart de mon toit est placé.

» Il règne déjà plus d'ordre dans l'enrôlement et dans le règlement.

» *19 juin.* — Mon toit est terminé. »

. . . .

Quand sa station est achevée, Coquilhat, — « Mouéva », disent les Bangalas, — commence la reconnaissance des environs; ici, encore, il réussit à se faire accompagner, guider et seconder par les indigènes.

Je lis, en effet :

« *29 novembre*. — A notre rentrée à la station, vers quatre heures, après une pluie torrentielle, les Bangalas témoignèrent une grande joie et une réelle fierté de voir leurs jeunes gens qui m'avaient accompagné, sortis sains et saufs de Mobéka.

» Ce petit voyage, comme celui d'Ibinza, me fit le plus grand bien dans l'esprit des indigènes.

» On loua mes goûts d'entreprise et la sécurité que j'avais assurée aux natifs qui m'avaient escorté. Ces derniers placèrent désormais une grande confiance en moi.

» Afin de développer le désir de se mettre à mon service, j'ai promis que mes compagnons de voyage Bangalas seraient à l'avenir considérés comme mes sujets, et que dans leurs différends avec leurs concitoyens, ils seraient protégés comme mes soldats Zanzibarites et Houssas.

» Mes ressources ne me permettant pas d'employer beaucoup d'indigènes, j'affecte de considérer comme une grande faveur l'enrôlement dans la station.

» J'ai amené les dix jeunes gens qui forment le noyau de ma « jeune garde » à ne pas recevoir leur paye journellement, mais seulement toutes les semaines; je leur donne pour chaque jour de travail un petit billet, qu'ils me remettent le dimanche.

» C'est tout doucement l'introduction de l'épargne pour eux et du crédit pour moi.

» Plus tard, je les déciderai à ne toucher leur salaire que tous les mois.

» Outre ce petit groupe de travailleurs perma-
nents, j'engage souvent des auxiliaires pour la
journée.

» Enfin, tous les matins, vingt à trente gamins et
gamines, de cinq à dix ans, se présentent à l'appel
pour recevoir un petit panier destiné, en l'absence
des brouettes, au transport de l'argile à maçonnerie,
des mauvaises herbes, etc.

» Il est vraiment amusant de contempler tous ces
enfants aux figures éveillées, impatients d'obtenir
du travail et se battant pour la possession d'un
panier.

» Ils font leur besogne en chantant, parcourant les
relais en file, pleins de gaieté et plus vaillants que
les hommes faits.

» Je réalise ainsi sur une petite échelle la meilleure école élémentaire des nègres.

» Tous ces enfants ayant grandi dans cet entraî-
nement au travail, connaîtront à l'âge vi... `. disci-
pline et l'habitude du travail régulier.

» De là à une conception morale supérieure à la
leur, il n'y aura que peu de distance. Telle est la
méthode, appropriée à mes faibles ressources, que
je suis pour combattre les mœurs barbares. La notion
du respect du bien de chacun se développera quand
il faudra gagner ce bien à la sueur de son front. »

· · · · · · · · · · · · · · · · · · · ·

L'homme qui pense et agit ainsi fut dans la suite
gouverneur général du Congo; par ses arrêtés, ses
décisions et ses instructions, il étendit sur le territoire tout entier de l'Etat cette réconfortante

philosophie du développement du travail honnête chez les noirs du centre africain.

Le capitaine Coquilhat est mort à la tâche; moins heureux que ceux d'entre ses frères d'armes qui rentrent au pays épuisés et incapables d'être encore autre chose que des conférenciers congolâtres, ainsi que plusieurs de nos honorables se plaisent à le crier bien haut à la tribune parlementaire : Mon Dieu! une campagne au Congo épuise plus un homme qu'une campagne électorale en Belgique!

Mais si l'homme est mort, son souvenir et ses théories survivent; et ce sont ces théories qui donnent l'empreinte spéciale aux Belges en fait de colonisation africaine.

. . . .

Je reprends ma citation :

« *14 juillet 1885.* — Je viens de réussir dans un projet préparé de longue main : celui d'enrôler des Bangalas pour le service des autres stations.

» Les étapes successives parcourues pour y parvenir ont été notées dans ce journal : première coopération éphémère des natifs à la confection de mon toit, il y a plus d'un an; ensuite, engagements à la semaine, puis au mois; escortes dans mes petits voyages; formation de la jeune garde.

» La difficulté principale résidait dans le caractère exclusif et tout personnel de la confiance que les jeunes gens ont en moi.

» Il a fallu me porter garant pour M. Deane (officier anglais se rendant aux Falls et avec qui doivent partir les premiers Bangalas), affirmer son aménité et sa fermeté.

» Le succès est acquis !

» Neuf des jeunes gardes sont embarqués pour les Falls, au terme de dix mois de service. Leur traitement sera de 45 mitakos par mois, plus la ration et l'habillement.

» Afin de stimuler le goût de la population, les volontaires ont été immédiatement vêtus et armés, et pendant deux jours ils se sont promenés, fiers comme Artaban, à travers les groupes de leurs concitoyens en admiration.

» Voulant rassurer promptement les familles des engagés, j'ai chargé Elemba, frère d'Ipourou, de convoyer ces derniers. Il reviendra dans un bon mois à Iboko annoncer qu'il a réellement vu une station des blancs aux Falls et que les enfants du pays y sont bien traités.

» Neuf engagés, c'est peu comme chiffre actuel, mais c'est tout pour l'avenir.

» D'ailleurs, l'exiguité des bateaux n'eut pas permis d'en accepter plus; j'ai même dù prêter ma pirogue à M. Deane pour emmener ce complément d'hommes. Si M. Deane avait eu un plus grand nombre d'embarcations, j'aurais pu lui donner cinquante Bangalas au lieu de neuf.

» Une fois que les Bangalas sauront leurs fils satisfaits dans notre service lointain, ils nous fourniront des centaines de volontaires. »

.   .   .   .

Et quelques jours après avoir écrit ces lignes,

arrive pour Coquilhat l'heure de rentrer au pays.
Ecoutez :

« *9 Août 1885*. — A sept heures du matin,
l'*En Avant* est sous vapeur et j'échange une dernière
confidence avec mon successeur, le lieutenant
Van Kerckhoven.

» Les indigènes, en masses considérables, font
des adieux émus à ceux de mes noirs qui, comme
moi, redescendent à la côte, et les comblent de
cadeaux.

» Les chefs, guidés par le vieux roi, m'attendent
au bord de l'eau.

» Tous me donnent l'amicale poignée de main du
départ et Mata-Buiké, m'embrassant en pleurant,
me dit :

« Revenez bientôt, car je suis vieux et je veux
vous revoir avant de mourir. »

» Je m'arrache à son étreinte et je monte à bord.

» Au bruit du canon et des acclamations de nos
braves serviteurs et des Bangalas, nous nous
éloignons rapidement vers l'aval.

» Je suis profondément remué et récompensé.
Nous avons conquis le cœur des sauvages Bangalas.

» Maintenant que ce rivage fuit à notre horizon,
la tristesse s'empare de moi ; dans une de ces visions
inexplicables qui concentrent en un instant les
événements et les impressions de toute une période
de temps, je repasse les jours écoulés de ma vie
agitée chez les Bangalas, et mon jugement final me
dit que ces enfants primitifs de la nature ne sont
pas aussi mauvais que nous le croyons.

» En donnant aux mots la valeur toute relative que l'insuffisance d'éducation de ces sauvages comporte, je vois en Mata-Buiké un sage, un homme bienveillant et supérieur, qui a vaguement pressenti le progrès que les hommes blancs pourront assurer à son pays. »

. . . .

Au cours d'une étude ethnographique sur les Bangalas, Coquilhat écrit :

« Fait remarquable : les esclaves des Bangalas sont moins bons travailleurs que les hommes libres; ajoutons que leur condition ne leur permet pas l'exercice de l'intelligence au même degré. Ils sont d'ailleurs peu nombreux. »

. . . .

Coquilhat passe cinq mois en Europe, puis reprend le chemin de l'Afrique.

En mai 1886, il rencontre à Vivi le lieutenant Van Kerckhoven, qui lui dit le développement pris par le recrutement des volontaires bangalas : cent vingt-six d'entre eux étaient à notre service, loin de leur pays.

Le 3 août 1886, Coquilhat fait aux Bangalas une rentrée triomphale.

Et, après son deuxième séjour en plein cœur d'Afrique, il termine ainsi un des derniers chapitres de son livre si vécu, le chapitre intitulé : *La Civilisation* :

« Travaillons surtout par et pour les indigènes. »

Travaillons surtout pour et par les indigènes !

L'avons-nous fait?

Je réponds par le tableau des indigènes au service de l'Etat dans les différents districts, établi d'après les toutes dernières situations de personnel parvenues d'Afrique.

Dans ce tableau ne figurent pas les porteurs, dont nous parlerons tantôt; il s'agit ici de gens du pays qui se sont engagés comme soldats, piroguiers, travailleurs de steamer, chauffeurs, aides-mécaniciens, pilotes, sondeurs, travailleurs de fer sur les chantiers de la marine à Banane, Boma, Léopoldville, etc. ; charpentiers, scieurs de long, briquetiers, maçons, forgerons, cuisiniers, interprètes, domestiques, bouviers, lavandiers, bergers, jardiniers.....

Indigènes en service dans les districts :

Banane	151
Boma	1,318
Matadi	70
District des Cataractes	266
Stanley-Pool	836
Kwango-Oriental	350
Loualaba-Kassaï	272
Equateur	753
Bangalas	179
Oubanghi-Mbomou	181
Haut-Ouèllè.	897
Arouwimi	383
Stanley-Falls (zone arabe)	1,500
TOTAL. . .	7,156

A lui seul, donc, l'Etat emploie plus de sept mille indigènes à tous les services possibles, autres que celui du portage.

La Société Anonyme Belge, la Société Anversoise de la Mongalla, la Société Anglo-Belge du Lopori, la Société Courtraisienne du Kassaï, les Missions Catholiques Belges, les Missions Protestantes Américaines et Anglaises en emploient près de 3,000.

Au total : 10,000 noirs du Congo, abstraction faite des porteurs, secondent les efforts des Belges pour la mise en rapport de leur pays.

Mais il y a plus ; ces chiffres sont des minima ; le nombre de travailleurs que l'on pourrait employer en cas de besoin peut devenir très considérable.

A Lousambo, par exemple, le commissaire de district signale qu'il dispose de plus de 15,000 personnes qu'il peut employer à tout travail.

Il ajoute que, dans un rayon de soixante-quatre heures de marche de la station, ce nombre peut être doublé.

Il en est de même pour beaucoup d'autres stations.

.   .   .   .

Devant cette situation, obtenue en moins de dix ans, si tout ne cesse pas à notre mort, si dans l'au delà survit ce qu'on appelle l'âme, j'ai le droit de dire et je dis que l'âme de Coquilhat doit être satisfaite !

*
* *

'ON a dit que le noir n'est qu'une bête de somme, ne donnant que du travail forcé.

En Amérique, peut-être !

Au Congo, non ! mille fois non !

On a parlé, par exemple, de la palmatoire. Son usage sur le territoire de l'Etat vaudrait de la prison à quiconque y aurait recours.

Et, qu'on le sache bien, tout blanc, — quel qu'il soit, — qui frappe un noir est passible d'amende et de prison.

Est-ce à dire qu'il n'y a pas eu d'abus commis ?

Nullement. Mais qui donc rendra responsable des abus d'un particulier et son pays et son gouvernement ?

Au surplus, voici quelques-unes des mesures prises par l'Etat Indépendant du Congo :

« N'auront pas droit à l'Etoile de service :

» Les agents qui méconnaîtraient les règles relatives à la protection des indigènes et qui agiraient à leur égard d'une façon arbitraire.

» Les agents qui n'observeraient pas scrupuleusement toutes les règles édictées en vue de la création de l'armée nationale et qui, notamment, traiteraient les miliciens d'une façon illégale ou peu bienveillante. »

. . . .

Mesure concernant les porteurs :

« Les agents qui se rendront coupables de coups sur les porteurs seront poursuivis judiciairement.

» Les commissaires de district qui recevront des plaintes de ce genre les transmettront d'urgence, après en avoir dressé procès-verbal en qualité d'officier de police judiciaire, à l'officier du ministère public compétent. »

.   .   .   .

En ce qui concerne l'admission et le traitement des noirs au service de l'Etat, voici le texte même des instructions :

« En dehors des levées opérées conformément à la loi sur le recrutement de l'armée régulière, les noirs ne sont admis au service de l'Etat, soit en qualité de travailleurs, soit comme soldats de la Force publique, que si leur engagement a été consenti par eux volontairement à un salaire arrêté d'avance et en pleine connaissance des obligations qu'ils contractent envers l'Etat, par le fait de leur entrée à son service.

» Quel que soit le service auquel le noir désire s'engager, l'engagement ne peut jamais être conclu pour une durée de plus de sept ans; mais il peut, à l'expiration de ce terme, être renouvelé, si les diverses parties en cause en conviennent.

» Le gouvernement impose à tous ses agents l'obligation stricte de traiter le noir avec bienveillance et fermeté; celui-ci ne peut être puni que conformément aux règlements disciplinaires, qui déterminent les conditions dans lesquelles il peut exercer un droit de réclamation. A ce point de vue, il importe que les commissaires de district et chefs de service fassent des conférences périodiques, dans lesquelles ils s'attacheront à faire comprendre aux noirs les lois qui les protègent et le recours qui leur est ouvert, tant auprès de l'autorité administrative qu'auprès des autorités judiciaires, contre tout dommage matériel qui leur serait causé et contre les injures ou voies de fait dont ils seraient l'objet dans leur personne.

» Les commissaires de district et les chefs de service informeront le gouverneur général, conformément à leurs instructions, de la façon d'être et d'agir des agents à l'égard des noirs et des indigènes; ces notes seront prises en très sérieuse considération par le Gouvernement, lorsqu'il décidera si, après un terme de service accompli, un agent peut être rengagé.

» Les fonctionnaires de l'Etat sont responsables de l'entretien et de la sécurité des hommes confiés à leurs soins; ils veillent à l'observation des principes de l'hygiène, en réglant notamment les travaux et les exercices avec mesure; ils s'appliquent, d'autre part, à étudier la langue et l'esprit des mœurs des noirs et à stimuler leur zèle, par la distribution de récompenses aux plus méritants. »

(Signalons ici qu'une décoration a été créée pour récompenser les services des noirs; c'est l'Etoile de bronze portée par un ruban bleu; et les noirs qui l'ont obtenue jusqu'ici en savent et en respectent tout le prix.)

« Pendant tout le temps qu'il passera au service de l'Etat, l'engagé noir recevra gratuitement les soins médicaux et une nourriture saine et suffisante, qui lui est distribuée en nature, ou dont il recevra, suivant les circonstances, la contre-valeur en monnaie ou en marchandises d'échange.

. . . .

» *Du recrutement des travailleurs par les particuliers.* — La loi soumet le recrutement des travailleurs, spécialement dans les districts situés à l'est de Matadi, à des règles formelles qu'il importe au commissaire de district de faire observer, tant comme représentant de l'autorité dans son district que comme délégué du Directeur de la Justice pour la protection des noirs.

» Ces règles ont surtout pour but d'empêcher que le contrat de louage ne dissimule un esclavage domestique, en même temps qu'elles permettent de surveiller la fidèle exécution des engagements contractés par les diverses parties en cause.

» En ce qui concerne les indigènes tout particulièrement, leur recrutement comme travailleurs a été entouré de formes plus rigoureuses, dictées par le souci de la liberté individuelle des natifs et de la protection efficace de leurs droits. »

*
* *

Voici maintenant, au complet, le Règlement de discipline pour les travailleurs au service de l'Etat :

« ARTICLE PREMIER. — Il pourra être infligé aux travailleurs, pour les fautes ci-dessous déterminées, des amendes dont le maximum sera pour :

» Manque à l'appel : 1/4 journée de salaire.

» Absence d'une à deux heures : 1/2 journée de salaire.

» Absence d'une demi-journée : une journée de salaire.

» Paresse accidentelle : une journée de salaire.

» Refus de travail, désobéissance, négligence, refus d'aller à la visite du docteur : une journée de salaire.

» Mauvais travail : une journée de salaire et paiement des matériaux perdus.

» Insubordination : deux journées de salaire.

» Perte ou dégradation de matériaux ou d'outils : une journée de salaire et paiement des matériaux et outils perdus ou détériorés.

» En cas de récidive dans le mois, l'amende sera doublée ou triplée dans le cas.

» ART. 2. — En cas de paresse, d'ivresse ou d'insubordination habituelle, le renvoi sera prononcé.

» ART. 3. — Il en sera de même au cas où le total des amendes infligées excéderait le 1/3 du salaire de l'ouvrier.

» ART. 4. — Les amendes pourront être infligées par le chef d'atelier ou le conducteur des travaux publics. Elles seront ratifiées par le directeur des travaux ou le commissaire de district.

» ART. 5. — Le renvoi sera prononcé par le fonctionnaire qui aura contracté avec l'ouvrier au nom de l'Etat. »

. . . .

En voilà assez pour permettre d'espérer que les adversaires les plus acharnés du Congo auront désormais la pudeur de ne plus considérer leurs compatriotes comme des tigres altérés de sang. Quand des abus se sont produits, toujours ils ont été sévèrement réprimés.

Quand il s'en produira encore, ils seront réprimés de même.

. . . .

J'arrive aux facultés de travail des noirs du Congo.

L'observateur superficiel a souvent rapporté que le noir ne désire pas travailler.

C'est une erreur : il aurait fallu observer que le noir ne désire pas travailler pour rien, c'est-à-dire qu'il désire jouir du fruit de son travail, et, comme le dit le commandant Storms, *il ne diffère sous ce rapport en rien du blanc.*

Or, presque chaque fois qu'on a constaté ce manque de goût au travail chez le noir, c'est qu'en réalité il y avait un maître devant bénéficier du gain.

Faites que le travailleur noir puisse jouir du prix de son travail, et de suite vous arrivez à des résultats extraordinaires.

Voici ce que rapporte le commandant Storms en parlant de la côte orientale d'Afrique :

« Dans toutes les villes du littoral, tous les travaux sont faits par les noirs; tous les durs travaux y sont généralement faits par des esclaves, mais il arrive assez souvent que des maîtres permettent à des artisans esclaves de travailler pour leur propre compte moyennant une redevance hebdomadaire, et ils arrivent ainsi, assez vite, à une aisance relative. »

De la côte orientale, passons à la côte occidentale.
Je trouve écrit à propos des Krous de Libéria :

» Les Krous sont forts, musculeux, larges de poitrine : ce sont probablement les plus vigoureux des
Africains, chez lesquels tant de peuplades sont privi-
légiées pour la puissance corporelle : Qu'on se figure,
dit un voyageur, la tête d'un Silène sur le corps d'un
Antinoüs. Au moral comme au physique, les Krous
sont un des peuples les plus remarquables de
l'Afrique. A la fois bons et fiers, conscients de leur
force, ils sont très amoureux de la liberté et ne se
sont jamais laissé asservir.

» Quoique vivant sur une côte visitée depuis
quatre siècles par les négriers, ils ont su résister en
corps contre toute tentative de capture, et, lorsque
l'un d'eux était fait prisonnier, il se laissait mourir
de faim ou se noyait plutôt que de servir ; parfois il
se vengeait contre le blanc avant de se donner la
mort.

» Aussi les Krous étaient-ils respectés des
négriers...

» Très affectueux, fort attachés à leurs frères,
sœurs, enfants et surtout à leurs mères, aimant aussi
beaucoup le lieu natal, les Krous sont néanmoins le
peuple africain qui fournit le plus d'émigrants
temporaires.

» Abandonnant volontiers le travail de la terre aux
femmes et aux captifs, ils s'offrent aux étrangers, dès
l'âge de 14 ou 15 ans, soit pour le service des factoreries, soit comme matelots, en stipulant d'ordinaire
un assez court engagement. Les Krous n'aiment pas

à se lier plus de 13 lunes durant (un an) pour une campagne qui les éloigne des côtes africaines; cependant on en voit qui ont visité les ports de l'Europe et de l'Amérique ou qui ont même fait le tour du monde. Sans eux, le commerce des blancs sur les côtes de Guinée serait presque impossible. Il est arrivé parfois que des navires ont perdu tout leur équipage de matelots européens : sans les matelots Krous épargnés par la mort, les bâtiments eussent été à la merci des flots.

» *Les Krous donnent un éclatant démenti à cette idée préconçue que les hommes des pays chauds seraient toujours voués à une incurable paresse : ils travaillent avec énergie et persévérance : ce sont des vaillants.* »

(Elisée Reclus, l'Afrique, p. 383).

Il est certain que ce qu'Elisée Reclus dit là des Krous de Libéria on peut le dire de tous les noirs, du moment qu'on leur donne la possibilité de bénéficier de leur travail, nous ne saurions trop insister sur ce point ; au reste ce n'est qu'une manifestation de la nature humaine commune à toutes les races, à tous les pays.

On se souvient du voyage que fit, l'an dernier, en Europe un négociant noir de Boma, M. Shanu.

Il y a une douzaine d'années, Shanu, qui est de race Yoruba, était instituteur à Lagos ; fils d'un négociant noir de cette ville, il était tourmenté du désir de voyager et précisément à ce moment le comité d'Etudes du Haut-Congo demandait à Lagos des clercs ou commis noirs.

Il faut entendre Shanu raconter comment les siens voulaient le détourner d'aller au Congo : « on n'en revient pas, tout le monde y meurt, on y est mangé... »

Bref, le Congo effrayait autant en ce moment les sages et les prudents de Lagos, qu'il effraie aujourd'hui les sages et les prudents de Belgique.

Mais, Shanu n'écouta pas les avis d'une prudence si excessive et il s'engagea pour le service des bureaux de Boma.

Il y resta neuf ans, fut nommé sous-commissaire de district, fit venir de Lagos sa femme, son beau-frère, etc., et les installa à Boma pour y ouvrir un magasin où l'on faisait de tout : photographie, blanchissage du linge, confection de vêtements...

On y débitait des vivres frais et des conserves. Bref, en quelques années, Shanu et les siens réalisaient une véritable fortune. Ils tiennent aujourd'hui un hôtel à Boma, à Matadi et à la tête du chemin de fer.

L'an dernier, Shanu vint lui-même en Belgique pour y faire ses commandes, parmi lesquelles billard, piano, chaloupe à vapeur, etc.; il visita l'Allemagne, la France et l'Angleterre; et lorsque quelques jours avant son départ, il donna à la Société d'Etudes Coloniales une causerie sur le Congo, il dit comment les négociants noirs de la côte d'Afrique ignoraient l'existence de la Belgique, dont on ne voit jamais le drapeau, ni les fabricants.

« Nous pensons là-bas, que le sucre par exemple vient toujours de l'Amérique, et j'ai été bien étonné de visiter une sucrerie à Tirlemont.

» Il faut, continuait Shanu, envoyer à la côte d'Afrique des gens montrant les échantillons de vos produits et, autant que possible, des bateaux vous appartenant, car je vous assure qu'on ne vous y connaît pas. »

Que pensent de ces paroles ceux qui veulent garder la Belgique dans cet état de séquestration dont parle Leroy-Baulieu quand il s'écrie :

« L'absence de colonies, dans un temps déterminé, avec l'esprit qui prévaut de nos jours, pourrait équivaloir à une sorte de séquestration du peuple qui aurait été assez inerte pour ne pas se créer des dépendances dans le monde, alors que le monde n'était pas complètement occupé ? »

Et pour en finir avec l'exemple, fourni au Congo par Shanu, du développement possible de la race noire lorsqu'elle travaille pour elle-même, rappelons qu'après avoir dit un mot des Allemands, des

Anglais et des Français qu'il était allé voir chez eux, Shanu nous disait :

« Merci aux Belges, pour la rédemption de notre race ! »

Et l'émotion provoquée par ces paroles, dans l'auditoire compact qui écoutait ce noir, nous montrait bien la nature de l'empreinte spéciale que les Belges colonisateurs mettent sur une des dernières parties du monde restant à occuper.

Je pourrais multiplier les exemples de ce que peut le noir lorsqu'il a la faculté de jouir du gain de son travail.

Ce point important est suffisamment fixé et incontesté pour que je puisse aborder une nouvelle considération.

*
* *

E quoi est capable le noir, quand il travaille? En d'autres termes, quels sont les métiers qu'il peut remplir et comment les remplit-il ?

Je n'hésite pas à répondre :

Il peut remplir tous les métiers, et très bien !

Je citerai ici des avis d'Africains, qui compenseront bien, j'espère, les affirmations *ex cathedra* des adversaires de la politique coloniale.

*
* *

COMMANDANT STORMS :

« Chez les missionnaires de Ragamoyo tous les métiers sont pratiqués, et tous les travaux se font ponctuellement comme dans nos ateliers européens.

» En caravane, le noir est incomparable ; on l'emploie à tous les travaux ; le blanc n'en ferait pas plus sous son climat.

» Dans les stations on dresse des noirs quelconques à tous les métiers et ce très rapidement. On improvise ainsi des briquetiers, des maçons, des cultivateurs, etc. Quant à en faire des serviteurs, je préfèrerai toujours un noir à un blanc.

» Des noirs qui sont de véritables exemples d'activité sont ceux qui exercent les professions de pêcheurs, chasseurs d'abeilles, forgerons, etc.

» Dès que les nègres peuvent travailler pour eux, ils travaillent : avant de quitter Karema pour me rendre sur la rive occidentale du Tanganika, j'avais permis aux hommes du poste de travailler trois jours par semaine pour leur compte; en fort peu de temps mes hommes étaient plus riches que la plupart des petits chefs voisins.

» On obtiendrait certainement encore une somme plus considérable de travail si le noir trouvait à acheter des objets à sa convenance. »

*
* *

DOCTEUR BRIART :

« Les forgerons de Monangoyo - Ouroua (N.-O. sous Loupoungou) sont très forts et font des armes splendides, fers de lance, haches à incrustations de cuivre et manches lamés de cuivre rouge ou jaune.

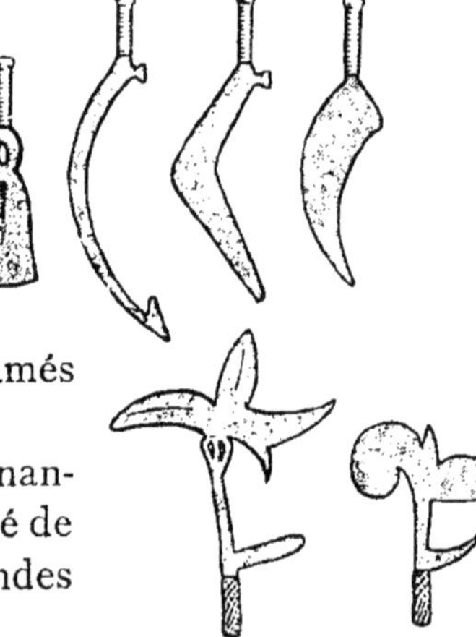

» Près de la capitale de Monangoyo, un grand village est peuplé de forgerons qui travaillent en bandes

dans de grands han-
gars de 10 mètres de
côté. Leur profession
est tenue pour noble.
Ils obtiennent par le
martelage une sorte de
glacé, de bronzage
bleuté.

» Ils fournissent des
haches dans toute la
région.

» Près de là existent
des hauts-fourneaux à
fer renommés. »

Le docteur Briart
signale aussi les tra-
vaux d'irrigation des
plaines basses de la
Loufira :

» Un barrage est fait à un affluent; l'eau est
déversée dans des rigoles de façon à fertiliser en
saison sèche, de grandes étendues de terrain. De fait,
cette vallée était merveilleuse de culture. »

*
* *

COMMANDANT WANGERMÉE :

Le commandant du génie Wangermée donne les
renseignements suivants relatifs à la batterie de
Chinkakassa :

« Les travaux ont été commencés vers avril 1891.

On dut d'abord déblayer environ 2000 m³ de terre rocailleuse, puis entamer les fouilles pour les maçonneries ; ce dernier déblai a dû être, à vue de nez, de 12 à 1500 m³. On éleva ensuite plus de 1800 m³ de maçonnerie de briques, 4 à 500 m³ de maçonnerie de moëllons et plus de 3000 m³ de béton, jusqu'au mois de décembre 1893.

» Depuis cette époque jusqu'au 15 novembre 1894, on a fait 2,500 m³ de béton sans l'aide de machines, entièrement à la griffe.

» Tout ce béton a été fait au moyen de matériaux indigènes, ramassés dans les fouilles ou aux environs, dans un rayon d'un demi-kilomètre autour du fort, et le portage se faisait à dos d'homme, par paniers.

» Comme terrassements, on a dû faire, depuis décembre 1893, plus de 14,000 m³ de déblais, transportés en moyenne à 200 mètres de distance.

» Le terrain est composé d'argile rouge, sous laquelle, à faible profondeur, on trouve de la pierre tendre, friable, formant un grès dont les débris sont utilisés pour être mélangés au sable du Congo, qu'on va chercher à l'île de Matéba.

» Sous la pierre tendre, et émergeant dans la masse, on trouve des masses granitiques, des quartzites aussi durs que du porphyre.

» Toutes ces terres, à l'exception de la couche superficielle, doivent être déblayées à coups de mine; la mine est battue par des Bangalas.

» Les indigènes des forêts du Mayombè fournissaient aussi de très bons travailleurs à la batterie de Chinkakassa.

» Les indigènes Bas-Congos, que le contact des

anciens traitants a abîmés, fournissaient aussi des travailleurs, mais pour lesquels le travail de la batterie était trop dur. »

*
* *

M. DE WIT :

« En 1890, lors de mon séjour à Banana, où mes fonctions me mettaient en relations constantes avec les indigènes, j'ai toujours pu remarquer que l'offre était supérieure à la demande; tous les jours des indigènes se présentaient soit comme domestiques, servants de table, soit comme pêcheurs, cantonniers, etc.

» Ils remplissaient leur besogne avec beaucoup d'habileté. »

*
* *

M. ULFF (1887) :

« La race nègre est essentiellement perfectible; les indigènes de Vivi réclament déjà des écoles, afin de pouvoir devenir interprètes et employés dans les stations et les factoreries. »

*
* *

M. MONET :

« On se plaît à dire, dans certaines réunions publiques, que le nègre du Congo est paresseux, bon à rien, et on ajoute qu'on ne saura jamais rien tirer de cette race!

» C'est une des principales argumentations que nos adversaires font valoir dans leur opposition à la reprise du Congo par la Belgique; ce qu'ils donnent comme généralité peut être une exception, mais il n'est pas nécessaire d'aller au Congo pour rencontrer des paresseux et des bons à rien.

» Depuis 1883 jusqu'en 1892, j'ai eu un grand nombre d'indigènes à mon service. Le nègre du Congo est courageux, doux, vigoureux, résistant, apte à toute espèce de travail, et il a des qualités d'assimilation extraordinaires. On a fait, on fait, et on fera avec lui tous les travaux que nos ouvriers font en Europe, et, pour arriver à ce résultat, il ne faut que le mettre sous les ordres de chefs d'atelier expérimentés et patients.

» Au surplus, nulle part on n'arrive à la maitrise sans avoir fait d'apprentissage.

» On trouve, dès à présent, parmi les indigènes, des charpentiers, menuisiers, forgerons, briquetiers ; et la preuve en est donnée par les nombreuses constructions (habitations, magasins, appontements, usines) en bambous, bois, torchis, briques, pierre et fer, que l'on rencontre dans les villes et villages de l'intérieur et le long des rives du fleuve et de ses affluents.

» Un exemple pour les travaux exécutés sous ma direction :

» L'hôtel de la Compagnie des Magasins Généraux de Boma, une des nombreuses constructions en fer de cette ville et la plus importante, d'une superficie de 1,055 m² et d'un poids de 245,500 kilos, a été remonté par douze noirs, sous la surveillance d'un conducteur de travaux des usines d'Aiseau, M. Richir.

» On trouve chez les indigènes des débardeurs, des marins, etc.

» A Banana, Boma, Matadi, Ponta-da-Lenha, Nokki, partout, tout le long du fleuve, de six heures du matin à six heures du soir, ce sont eux qui embarquent et débarquent les marchandises. Travail fatigant et quelquefois dangereux.

» Le noir est aussi, à l'occasion, tailleur, lavandier, boy, cuisinier, boulanger, chasseur et surtout commerçant.

» Stanley l'a dit : « Le noir du Congo est né commerçant ! »

» Tout ce que l'on voudra il le sera, si l'on veut se donner la peine de le guider; il est assidu à sa besogne et exécute avec entrain les ordres qu'on lui donne. Il faut seulement qu'il soit traité avec bienlance et équité.

» Enfin, tout prouve que les sauvages, dans l'acception qu'un de nos contradicteurs a voulu donner à ce mot, sont moins en Afrique que parmi nous. »

*
* *

M. Jaeger :

J'emprunte à un travail complet de M. Jaeger le passage relatif au service des baleinières entre Issanghila et Manyanga, bief du Moyen-Congo, d'une longueur de 90 à 100 kilomètres, coupés de rapides et de navigation très difficile, et que l'on cessera d'utiliser le jour où le chemin de fer sera à Kimpessé.

« Au début de l'œuvre du Congo, le service des embarcations était fait par les Zanzibarites. Peu à

peu les indigènes qui, jusque-là, ne connaissaient
que le maniement de la pagaie dans de frêles pirogues, apprennent le maniement de la rame ; ils con-
voient des allèges de trois tonnes.

» Nous avons, en 1890, 8 équipes de 12 hommes
sous les ordres d'un patron, pour les 5 allèges qui
faisaient un service incessant.

» La descente prend de 2 à 2 jours 1/2 ; la montée
dure 6 à 7 jours. Ceux qui ont fait ce voyage diront
l'effet effrayant de cette navigation au milieu des
rochers et des tourbillons. Parfois l'embarcation
est aspirée par le remous, et l'eau arrive presque au
niveau du bordage ! Les hommes alors cessent de
chanter : il y a un moment d'anxiété ; mais le
patron tient le gouvernail d'une main sûre et
bientôt la barque est hors de danger, jusqu'à ce que
cela recommence.

» Au retour il faut, et le courant est parfois terrible,
haler l'embarcation au moyen de cordes pendant une
bonne partie du trajet, partout où il y a des rapides.

» Souvent les hommes doivent se mettre à l'eau
pour alléger l'embarcation.

» Je crois le métier de ces braves gens plus fatigant
et plus compliqué que celui du batelier qui pousse
tranquillement son chaland dans nos paisibles
canaux. »

« A Manyanga, dit encore M. Jaeger, nous avons
réussi à faire, en trois mois, d'un travailleur indigène
chargé jusque-là d'aller au bois mort, un cuisinier
expert nous préparant les menus les plus variés ; il
fabriquait surtout un pain exquis, j'en appelle à
ceux qui ont reçu l'hospitalité à notre factorerie,

pendant la période 1890-91. Je sais qu'en Belgique il faut plus d'un an pour qu'une fille de la campagne se mette au courant de la cuisine, et l'on a encore, après ce laps de temps, à lui reprocher bien des potages brûlés. »

Je ferai un dernier emprunt à M. Jaeger :

« Dans toutes les factoreries il existe un magasin de détail où l'on échange contre l'unité monétaire de l'endroit, au cours du jour, les produits les plus divers d'importation européenne : tissus, quincaillerie, perles, etc.

» A la factorerie d'Equateurville, nous avions plus de quarante articles différents dont l'échange nous prenait beaucoup de temps et ne laissait pas au gérant de la factorerie le loisir de s'occuper activement des constructions, des cultures, etc.

» Nous eûmes l'idée de confier le magasin de détail à un noir du village voisin, un homme marié et sérieux, présentant toutes garanties. Afin d'éviter une comptabilité compliquée, on lui installa un petit magasin renfermant des marchandises pour une valeur de plusieurs milliers de mitakos. (Le mitako est l'unité monétaire du pays.)

» Toute marchandise vendue étant remplacée par son équivalent en mitakos, notre vendeur indigène était toujours à même d'établir exactement son inventaire. Cette combinaison a toujours fonctionné à notre entière satisfaction. »

*
* *

Capitaine Liebrechts :

« Pendant mon premier séjour en Afrique (1883-86) nous devons utiliser surtout des étrangers ; mais bien que non Congolais, ce sont cependant aussi des nègres.

» L'indigène ne s'offre que timidement pour les services de portage ; dans le Haut-Congo, mêmes hésitations des populations à seconder l'Européen.

» Et cependant aucun de nous ne songeait à attribuer cette situation à la paresse du nègre, mais bien à sa crainte de l'Européen dont il ne saisissait pas encore les motifs de la présence chez lui.

» Peu à peu se manifestent partout des tendances à l'amélioration de cette situation, et quand, en 1887, je débarque pour la seconde fois au Congo, je trouve tout le portage effectué par les Bas-Congos ; entre Issanghila et Manyanga les baleinières ne sont plus pagayées par des Zanzibarites mais par des Manyangas ; je vois les caravanes indigènes conduisant, à travers une région d'un tourmenté indescriptible, les lourds chariots chargés des pièces des steamers du Haut-Congo. Ce travail prodigieux n'était pas seulement très pénible, mais il offrait de sérieux dangers.

» Pour descendre ou monter les pentes par trop abruptes, il fallait faire usage de moufles et de cordages multiples. Si l'un de ceux-ci venait à se rompre, le chariot était précipité alors de la pente avec une force et une vitesse que rien ne pouvait maîtriser. Et malgré des accidents inévitables, croyez-vous que les indigènes soient venus moins

Gravure extraite de *Cinq années au Congo* de STANLEY.

nombreux quand il s'est agi de traîner les pièces du deuxième, du troisième, du quatrième..., du quarantième vapeur?

» Mille fois non ; ils semblaient, par leur enthousiasme à effectuer ces transports si dangereux, prouver que par leur hardiesse et leur entrain, ils étaient susceptibles de mériter l'admiration de l'Européen.

» Que ceux qui ont vu ces choses, comme je les ai vues moi-même, pendant des années, viennent me taxer d'exagération.

» A Léopoldville aussi (c'est toujours le capitaine Liebrechts qui parle), le temps a accompli son œuvre : les indigènes des districts occupés et les Européens se sont inspiré une mutuelle confiance, et les populations d'une région se rendent dans une autre pour aider aux travaux.

» A Léopoldville ce sont surtout les Bangalas et les Manyangas qui sont nombreux. Ils se montrent immédiatement travailleurs intelligents. Aucune station n'était mieux en situation que Léopoldville pour l'établir. C'est sur ses chantiers que se montent les vapeurs sortis des usines Cockerill, et dont nous avons suivi quelque peu le laborieux transport sur la route des caravanes. Ces vapeurs sont remontés sous la direction d'ouvriers blancs de ces mêmes usines.

» Eh bien! j'en appelle à leur témoignage !

» Demandez-leur qui servait d'ouvriers dans ces travaux difficiles. Ils vous répondront : les indigènes.

» Et ceci est tellement vrai, et ils mettaient même les Congolais à ce point au-dessus des nègres recrutés à l'étranger, que lorsque les circonstances

voulaient que je fusse obligé de mettre à la disposition des employés de Cockerill, quelques ouvriers
nègres recrutés à l'étranger, ils venaient me prier de
les remplacer au plus tôt par des autochtones.

» Ces ouvriers improvisés faisaient tous les
métiers. Il fallait les voir frapper du gros marteau de
forge et riveter les chaudières.

» Non, ils méritent meilleure réputation que celle
qu'on veut leur faire! »

Le capitaine Liebrechts parle encore des scieurs,
des charpentiers, des forgerons, des équipes de
steamers, et il s'écrie :

« Applaudissez-les, ces intelligents et rudes travailleurs, mais ne persistez pas à les représenter
comme des paresseux et des inaptes!

» Mais, dira-t-on, ces aptitudes
ont été une véritable révélation pour
ceux qui ont assisté à cette évolution des Congolais.

» Pas précisément pour ceux qui
avaient déjà vécu, comme moi, au
contact de l'indigène livré à lui-même
dans son village, et voici pourquoi.

» Les villages indigènes sont souvent groupés. Ils vivent en s'entr'ai-
dant, et se complètent pour ainsi
dire les uns par les autres.

» Chaque groupe a sa spécialité
plus ou moins définie : l'un s'occupe
de la pêche; l'autre de la récolte
du malafou; un troisième du commerce et sera le banquier, celui qui

apportera dans l'agglomération tout ce qui vient_de l'extérieur; le suivant aura la spécialité du travail du fer et du cuivre : armes de guerre et de chasse, outils divers, etc.

» Et nul ne peut se soustraire à sa spécialité sans encourir un « tolle » général.

» Il va de soi que le groupe le plus travailleur deviendra le plus riche. Et comme la richesse est convoitée par les puissants, il se forme dans les villages des associations qui s'efforcent d'accaparer tout le résultat du travail. Pour mieux y arriver, l'entente s'établit entre les chefs, les féticheurs et les ouvriers les plus habiles, et cette association, par son essence même très puissante, se donne un caractère sacré! Les aptitudes des ouvriers leur proviennent de causes surnaturelles.

» Ces associations proclament que tout le monde ne peut, sans grands dangers, entreprendre des travaux semblables. La masse de la population est donc forcément écartée de la possibilité de montrer ses aptitudes au travail. Par contre, les favorisés, quoique riches, travaillent avec une ardeur surprenante. Ne doivent-ils pas d'ailleurs, faire face à tous les besoins qu'ils monopolisent, nous avons vu dans quel but? Et qu'on n'aille pas croire qu'ils ont réellement des aptitudes spéciales. Combien de fois ai-je entendu dire à voix basse, par les indigènes : « Nous aussi saurions faire ces travaux et mieux même que tel ou tel, mais ils sont tous féticheurs qui s'entendent, et

qui nous tueraient à la moindre velléité que nous ferions pour changer l'état de choses existant. »

Ce fait indique suffisamment pourquoi le travail ne se généralisait pas avant l'arrivée de l'Européen.

Tout ceci est confirmé par le lieutenant Masui qui, dans son artistique volume *D'Anvers à Banzyville*, écrit en parlant des forgerons de l'Equateur :

« Ces forgerons sont souvent des hommes impor-portants ; les plus adroits des Mongos viennent des rivières de l'Equateur ; ils possèdent le soi-disant fétiche qui permet d'exercer ce métier, et les non-initiés sont convaincus qu'il serait impossible de leur faire concurrence. »

Le capitaine Liebrechts montre encore « les pagayeurs remontant le courant du grand fleuve pendant des semaines et des semaines pour se rendre aux grands centres de commerce. Il leur faut four-nir un travail énorme, sous un soleil de feu, avec des pirogues lourdement chargées. Aussi le corps des pagayeurs est-il ruisselant de sueur !

» Et ils s'adonnent avec plaisir à cette besogne qui dénote de leur part une vigueur extraordinaire. »

A propos des pagayeurs, le lieutenant Masui, après avoir décrit la montée des pirogues au travers des rapides de M'Bélé, s'écrie :

« Au silence du moment critique succède une joie délirante : battant l'eau de la perche, claquant les pagaies sur leur dos, les pagayeurs poussent des hurlements, des cris sauvages.

» Je ne croyais pas que des noirs pussent mettre

tant d'animation ni déployer une énergie si intelligente; ils se révèlent sous un aspect bien nouveau, qui nous transporte d'étonnement et d'admiration. »

« Fallait-il, conclut le capitaine Liebrechts, examiner bien longtemps ces populations pour s'apercevoir qu'elles étaient travailleuses et qu'il ne fallait que leur inspirer confiance pour les décider à mettre au service de l'Européen leurs bras vigoureux?

» Pour l'observateur perspicace, il était donc établi *a priori* que l'indigène était un travailleur à rallier, et l'expérience a prouvé que le noir du Congo est un travailleur qui saura faire fructifier son pays sous l'intelligente et paternelle direction des Belges. »

*
* *

Lieutenant P. Costermans :

« Pendant les trois années 1892-93-94, cinq steamers à coque d'acier ont été montés sur les chantiers de Léopoldville, savoir :
» *Le Stanley* (nouvelle coque);
» *La Ville de Bruges;*
» *La Ville de Bruxelles* (nouvelle coque);
» *La Délivrance;*
» *La Ville d'Ostende.*
» Les travaux de montage, c'est-à-dire d'assemblage au moyen de boulons du moment, ont été effectués par des ouvriers blancs.
» Les assemblages définitifs, c'est-à-dire ceux à

assurer par rivets, ont été exécutés par des travailleurs noirs recrutés sur le territoire de l'Etat.

» Lors de la mise à flot des cinq steamers, il fut établi que les assemblages avaient été exécutés dans les meilleures conditions.

» Ces travailleurs, qui fournissaient journellement neuf heures de travail assidu, étaient payés à raison de 5o mitakos par mois, soit en argent au Stanley-Pool, 2 fr. 5o.

» Leur nourriture par mois devant être calculée à 6 fr., le coût mensuel d'un travailleur à Léopoldville était donc de 8 fr. 5o.

» Nous avons toujours admiré la rapidité avec laquelle des noirs absolument frustes acquéraient une habileté professionnelle remarquable.

» Jamais, vis-à-vis des travailleurs de chantiers, nous n'avons fait usage de punitions corporelles ni de moyens de contrainte violente, sauf pour le cas de vol.

» Nous faisions usage du système de primes accordées aux travailleurs accomplissant un travail donné dans un temps fixé.

» Nous n'avons jamais eu de difficultés pour recruter les 120 travailleurs qui nous étaient nécessaires sur les chantiers maritimes; nous devions au contraire refuser des candidats, vu le nombre des rengagements.

» Les nombreux travaux de charpente exécutés à Léopoldville l'ont été avec le concours de noirs recrutés dans la contrée.

» Le Congolais excelle comme scieur de long, et s'entend tout particulièrement à l'équarrissage des

lourdes pièces à l'herminette, qu'il manie avec une
dextérité sans égale.

» Les remarquables charpentes de la nouvelle salle
à manger de Léopoldville, et de la maison du commissaire de district, ont été parachevées avec l'aide
exclusive de charpentiers indigènes dirigés par un
Danois. Il y avait à Léopoldville un charpentier
Basoko, du nom d'Ilombo, qui était parvenu à tracer
lui-même les bois qu'il avait à façonner : il lisait les
épures faciles. Des briques, des tuiles et des carreaux ont été confectionnés par des travailleurs indigènes dont nous avons fait d'excellents maçons,
travaillant correctement, promptement et sachant
monter un coin de mur ou une voûte, tout comme un
maçon blanc.

» En ce qui concerne le ravitaillement de tous
nos travailleurs en vivres du pays, nous signalerons
que, sous la pacifique impulsion des agents de l'Etat,
les indigènes se mirent à étendre leurs cultures et
actuellement ils amènent tous les quatre jours au
marché de Léo 4,000 pains de manioc au prix de
4 à 5 mitakos le pain, alors qu'en 1892 ce prix
était de 20 mitakos.

» Pour qui connaît la somme considérable de
travail qu'exige la manipulation du manioc pour
l'amener à l'état de pain, ce résultat est remarquable.

» Des indigènes arrivent tous les quatre jours
de villages situés à 8 et 10 heures de marche,
pour apporter au marché de Léopoldville les
produits de leurs cultures, c'est-à-dire de leur
travail !!!

» Ce n'est certes pas faire preuve de paresse ! »

. . . .

Laissez-moi rappeler ici ce que Stanley, dans cinq années au Congo, dit du marché de Kintamo (Léopoldville) :

« Dès que je vis notre terrasse convertie en marché ouvert, je compris que les idées conservatrices des indigènes étaient vaincues.

» Quelle victoire sur les préjugés !...

» Cette année-là, aucun événement ne me causa autant de plaisir que de voir les groupes de vendeurs et d'acheteurs traiter à l'ombre du vieux blockhaus de Léopoldville. Car, au Congo, toute agglomération d'hommes doit posséder un marché en propre, avant de pouvoir aspirer à la dignité de ville.

» Nous réalisions maintenant cette condition de bien-être et de grandeur.

» Et puis c'était comme la vie de famille qui s'introduisait parmi nous.

» Quand je voyais des groupes nombreux de femmes indigènes assises sur la terrasse avec leurs enfants, dans toute la tranquillité qu'engendre la confiance parfaite, je me figurais être le père d'une nombreuse famille, et je n'eusse pas permis, pour tout l'or du monde, que l'on ébranlât ce sentiment de sécurité profonde des mères et des filles. »

* *

Capitaine Daenen :

« Ce qui s'est produit dans le Bas-Congo pour les porteurs s'est vérifié dans l'Itimbiri et le Roubi.

» Au commencement de 1890, le commandant Roget, qui devait gagner l'Ouèllé, ne trouve pas à recruter un seul porteur à Ibembo. Il est obligé de fractionner ses charges pour les faire porter par son escorte.

» Le 25 mai 1891, l'expédition Vankerckhoven, arrive à Ibembo. Le 27, donc deux jours plus tard, Ponthier quitte la station avec toute l'expédition accompagnée de 350 porteurs.

» Vankerckhoven était arrivé à Ibembo, croyant y perdre beaucoup de temps.

» Le 7 juillet, juste deux mois après son arrivée, ses 6000 charges étaient évacuées sur Djabbir.

» A Ibembo, certains jours, des villages entiers, hommes, femmes et enfants, étaient au travail dans la station. De nombreux volontaires furent envoyés à Basokos et aux Falls.

» J'ai voyagé pendant trois ans sur l'Ouèllé, traînant à ma suite un nombreux convoi. Mon personnel indigène se composait parfois de 1,000 hommes. Journellement j'employais 300 auxiliaires indigènes.

» Dans tous les postes de la zone Roubi-Ouèllé on recrutait sur place tous les travailleurs dont on avait besoin. »

Lieutenant Gorin :

« Dans le Kwango se rencontrent les grandes caravanes de Bassombos qui traversent la rivière et accaparent presque tous le commerce du caoutchouc. Les affaires de quelque importance sont presque toujours traitées par les Bassombos, arrivant de la côte avec de nombreuses marchandises pouvant allumer la convoitise des indigènes : étoffes de prix, couvertures, fusils, poudre, tapis, pagnes de toutes les qualités, couteaux, machettes, perles, rien ne fait défaut à leur étalage en plein air.

» Après avoir recueilli les charges préparées (la charge atteint presque toujours le poids de 60 kilogrammes par porteur), ils s'enquièrent auprès des populations des besoins futurs et, lors d'un prochain voyage, amènent les objets demandés en échange du stock de caoutchouc préparé en leur absence. »

*
* *

Révérend père Van Aertselaer, *supérieur des missions de Chine et du Congo :*

« Les noirs sont de grands enfants qu'il faut surveiller. Bien dirigés, ils sont d'une utilité sans pareille. Très durs au travail, ils demandent avant tout à se sentir conduits. »

*
* *

Le commissaire britannique dans le Nyassaland, sir H. Johnston, parle avec beaucoup d'éloges de

5

l'intelligence et de la perfectibilité des Yaos, indigènes du Nyassaland. Ils deviennent notamment,
en peu de temps, d'excellents typographes. C'est
ainsi que la « *British Central African Gazette* », et
toutes les pièces administratives du gouvernement
sont imprimées par des ouvriers nègres.

*
* *

M. Young, officier de marine, ancien compagnon
de Livingstone, a éprouvé la « parfaite probité et
l'énergie laborieuse » des Makololo du Shiré. « Ces
noirs, dit-il, sont des cultivateurs soigneux, des
vanniers, des forgerons, des tisserands habiles, des
bateliers excellents. »

*
* *

Commandant Fivé :

« L'État a sur tout son territoire des éléments
admirables pour ses recrutements de soldats et de
travailleurs ; il n'y a aucune comparaison à établir
entre ces indigènes et les gens recrutés au Caire ou
à la côte d'Abyssinie. »

. . . .

Et voici ce que le même officier écrivait à Lousambo :

« 25 février 1893.

» ..... Cette nuit, un courrier arrive annoncer que
Brasseur a doublé hier l'étape et qu'il sera sur

l'autre rive, en face de Lousambo, à neuf heures du matin.

» Ça n'a l'air de rien, n'est-ce pas? de lire « doubler l'étape! »

» Mais hier après-midi il y avait 40° de chaleur, et je puis vous assurer que c'est dur d'aller dix heures de marche par monts et par vaux!

.   .   .   .

» Arrivée des troupes de Loulouabourg!

» Deux coups de feu les annoncent à l'autre rive.

» Le steamer que nous avons fait mettre sous pression répond par un long coup de sifflet, et part aussitôt pour le transbordement.

» Un quart d'heure après l'on entend le son des tambours et des flûtes! A mesure qu'approche le bateau, on distingue l'air! C'est ma foi la *Brabançonne* qu'ils jouent, ces soldats!

» Pas un de nous qui ne sente ses yeux se gonfler de larmes lorsqu'ils défilent musique en tête! Rien ne peut donner une idée de la bizarrerie de cette troupe. Dépenaillés, maigres, les bonnets chargés de plumes, secs et les yeux brillants de fièvre comme des gens qui viennent de marcher et de combattre pendant un mois, ils sont malgré tout très crânes, ces loqueteux! Ils rappellent, avec leur barbe, leurs cheveux incultes, leurs allures de déhanchés, les vieux grenadiers de Napoléon Ier. Leurs fusils sont ornés de mille façons; ils traînent derrière eux une population de 12 à 1,500 individus. Le steamer doit faire sept passages pour amener tout ce monde, parmi lesquels deux grands chefs noirs : Zappo-Zap et Kanda-Kanda.

» Les blancs sont Brasseur, Doorme, et deux sous-officiers.

» Pendant que cette colonne fait son entrée dans la station, débouchent, venant de l'Est, des gens de Gongo-Loutèté, amenant des prisonniers faits aux Arabes.

» Il y a plus de 5,000 personnes dans la station de Lousambo.

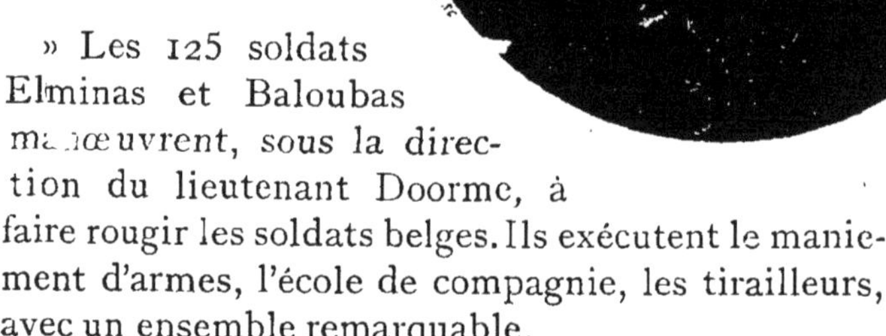

» Les 125 soldats Elminas et Baloubas manœuvrent, sous la direction du lieutenant Doorme, à faire rougir les soldats belges. Ils exécutent le maniement d'armes, l'école de compagnie, les tirailleurs, avec un ensemble remarquable.

» Leur défilé, musique en tête, est tout bonnement splendide !

» L'entrain est grand ! Doorme, qui a déjà prolongé

son terme de huit mois, vient encore de se décider à rester. »

» Vendredi 3 mars.

» Premier départ.
» Les soldats de Loulouabourg partent, musique en tête, sous le commandement du lieutenant Doorme.
» Très crânes tous ces soldats qui s'en vont en chantant.
» Ça empoigne! Il n'y a pas à vouloir lutter contre ce sentiment !
» Ces gens qui partent avec des airs de casseurs d'assiettes pour aller se faire tuer en chantant, sont tout ce que vous voudrez... des sauvages... des fous... c'est possible, mais ils sont admirables. »

. . . .

« Vendredi 10 mars.

» La colonne est en route vers Nyangoué. Huit cents personnes!
» Aucune description ne pourrait rendre un pareil départ de sauvages en appareil de guerre : depuis le fusil à pierre préhistorique jusqu'au Mauser, tous les systèmes de fusils, — des couteaux, des lances, des arcs, des flèches, des bâtons pointus, — toutes les coiffures, plus bizarres et plus couvertes de plumes les unes que les autres : chapeaux de paille, de feutre, d'étoffe, de peau, — bords sans fond, les cheveux crépus mêlés de plumes remplaçant le fond,

— bonnets de police en flanelle rouge, bonnets grecs, bonnets de coton.....

» Et tout ce monde part gaiement.

» Et au loin nous voyons la colonne serpentant dans la montagne, le grand drapeau bleu étoilé flottant en tête..... Le steamer a fait demi-tour, et nous redescendons la rivière. Un coup de sifflet prolongé, strident, en signe d'adieu, auquel de la montagne répond un immense cri : « Moyio! » (ami).

» C'est plus émouvant qu'il est possible de le croire, ces bordées de patriotisme au milieu de ce sauvage paysage.

.   .   .   .

» Ah! ces Arabes nous auront donné bien de la tablature, mais quel succès si nous parvenons à en débarrasser le pays.....

» Lorsque ces nouvelles arriveront en Belgique,

nous serons ou vainqueurs et alors nous occuperons
le Manyéma ; ou vaincus, et alors... gare la casse ! »

. . . .

Et de fait, nous sommes vainqueurs. Mais
lorsque les premiers bulletins de victoire arrivèrent
ici, ce fut presque l'incrédulité générale qui les
accueillit. Il fallut accumuler les bulletins glorieux ; il fallut marcher de victoire en victoire pour
convaincre le pays que ses enfants lui conquéraient
de la gloire, que plusieurs, hélas ! payaient de
tout leur sang. Ponthier, de Wouters, de Heusch
sont tombés face à l'ennemi, et nous n'oserons pas
vouloir désormais qu'ils dorment plus longtemps
en terre étran-
gère !... . . .

. . . . . .

Si quelques braves gens à l'âme généreuse et
vibrante se sentaient le cœur gros et humide au souvenir des faits glorieux d'Afrique, qu'ils ne le disent
pas trop haut, car les sociologues humanitaires et

positivistes se chargeront de leur apprendre que leur émotion et leurs larmes sont autant de péchés contre le progrès. Dans les pays en décadence, ceux-là sont vraiment les maîtres de l'avenir, qui trouvent que le prestige, la puissance, la gloire, les fanfares triomphantes, le claquement joyeux des drapeaux au vent de la victoire, et toutes les sublimes chimères pour lesquelles on meurt en souriant, sont autant de superstitions mortes.

« Ils doivent trouver de même, dit Jules Delafosse, que les montagnes déparent la Suisse, et qu'il serait mieux d'y niveler le sol pour y planter des choux ! »

.   .   .   .

Je pourrais étendre longtemps encore ces témoignages de gens ayant vécu en Afrique et y ayant produit. Qu'on me permette de les terminer en rappelant ce que j'ai dit moi-même à ce sujet :

Conférence donnée à la Société d'Études Coloniales le 23 avril 1894.

Le voyageur qui a couru de Matadi à Léopoldville en regardant la pointe de ses pieds, est parfaitement en droit de déclarer qu'il n'a pas vu de populations dans la région des Cataractes, bien qu'il ait traversé des marchés où grouillaient des centaines.

d'indigènes et qu'il ait croisé constamment des caravanes allant et venant, et faisant défiler à certains jours plus d'un millier de porteurs en un même point.

Les agents établis à demeure dans cette région, et qui la parcourent en tous sens aujourd'hui, sont seuls à même d'évaluer valablement la population. Nous n'avons pas essayé de l'estimer avec nos seules données pour ne pas fournir des chiffres peu sûrs.

Mais nous fixerons les idées sur la capacité de travail des Bas-Congos à l'aide de précieux renseignements.

En 1893, l'État a transporté à tête d'homme :

1° De Matadi vers Lounkoungou, Louvitoukou, N'toumba-Mani et Boulou : 31,217 charges ;

2° De ces stations intermédiaires vers Léopoldville et Popocabaca : 25,193 charges.

Au total 56,410 voyages, en appelant voyage un transport de charge par un seul homme.

La moyenne des voyages d'un porteur par an étant de six, les 56,410 voyages signalés ont été effectués par $\frac{56410}{6} = 9,401$ porteurs. Mettons 9,400.

Or, les caravanes sont accompagnées d'un gamin porte-nourriture par 10 hommes environ, d'un capita par 20 hommes, et de plus le portage met en jeu un chef par 20 hommes.

Ces chiffres moyens montrent que le chiffre global de la population s'occupant du portage pour l'État s'élevait, en 1893, à . . .   11,280 hommes.

La Société belge en a employé environ   9,000   »

Les missions et autres particuliers environ   5,000   »

Total général :   25,280 hommes.

Le commerce indigène, surtout vers le Sud de la région, paraît mettre en mouvement au moins autant d'hommes ; on le croira aisément, si l'on considère que certains marchés réunissent jusqu'à 2,000 indigènes.

Un chiffre non moins intéressant que celui des porteurs, c'est le chiffre des soldats et travailleurs Bas-Congos recrutés en 1893.

Matadi a fourni 79 volontaires, Loukoungou 84, dont 47 engagés pour Boma et 21 pour le Haut-Ouèllé, ces derniers comprenant plusieurs anciens soldats de Van Kerckhoven rengagés spontanément.

Quant aux travailleurs indigènes assurant tous les services des stations, cuisiniers, domestiques, lavandiers, bouviers, bergers, jardiniers, aides-charpentiers, aides-maçons, piroguiers, etc., etc..., des chiffres extraits des situations de personnel noir du district des Cataractes, fin 1893, montrent qu'à ce moment 245 Bas-Congos remplissaient les services confiés jadis aux auxiliaires étrangers : Houssas, Zanzibarites, Loangos, etc...

Soldats et travailleurs se sont donc engagés au nombre de plus de 400, en 1893, dans la région des Chutes.

Le personnel noir des particuliers (commerçants et missionnaires) dépasse ce chiffre.

L'énorme population qui seconde ainsi dans la région des Chutes les efforts de l'Européen, a souvent été représentée comme inapte à toute autre besogne que le portage. Quel bizarre procédé que celui d'émettre ainsi, sans preuve aucune, des considérations si importantes, et qui malheureusement font trop souvent foi chez les esprits superficiels ! Il est vrai que rien n'est plus facile, puisque ce procédé ne demande ni recherches, ni études, ni statistiques, ni méditations, ni réflexion, ni bon sens...

Que l'on s'arrête seulement à considérer l'ingéniosité des « ponts de singe » ou ponts de lianes que construisent partout ces « nègres inaptes à toute autre besogne que le portage », et l'on se demandera si, ces ponts brisés, nous serions à même de les rétablir nous-mêmes sans le secours des noirs ?

Que l'on considère encore la vannerie délicate, les poteries élégantes qui se vendent aux

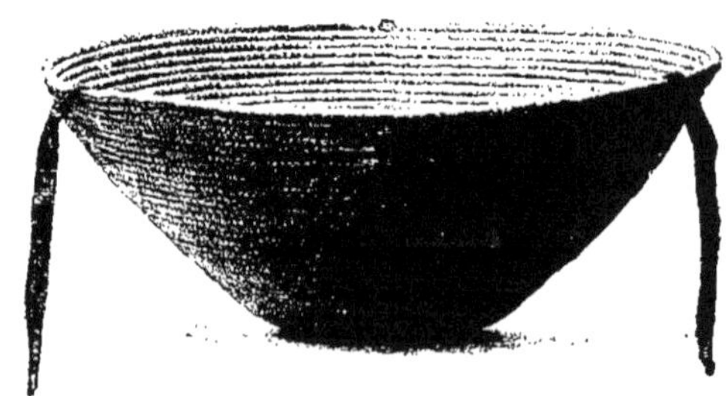

marchés, et l'on pensera peut-être qu'en vérité, ces ouvriers méritent mieux que le dénigrement !

.   .   .   .

Le nègre Bas-Congo, que sa tâche de porteur peut faire envisager comme une bête de somme par les observateurs trop légers, est recherché dans toutes les stations de l'État. Gai, allant, courageux, relativement honnête, il constitue pour les expéditions un élément de solidité, prenant le premier rang après le Zanzibarite. Ce courageux porte, pendant de longues et dures heures, les charges de

l'expédition, et lorsqu'il faut les jeter bas pour faire face à l'ennemi, le Bas-Congo a oublié toute fatigue ; il est des premiers sur la ligne de feu et marche à l'assaut avec plus d'entrain souvent que le mol Elmina ou le Houssa hébété qui n'ont porté que leur fusil. Aussi des gens d'une compétence incontestable : Van Kerckhoven, Coquilhat, Van Gele, Ponthier, Dhanis, Gorin, etc..., ont-ils toujours choyé de tels auxiliaires.

Non moins précieux en station, c'est le Bas-Congo que l'on charge surtout des constructions, de l'exploitation des palmiers.

Il ne convient guère, il est vrai, pour les services maritimes (exception faite pour les riverains). Mais il va bientôt prendre sa revanche sur les travaux du chemin de fer. Longtemps le recrutement du personnel noir a été pour la Compagnie du chemin de fer un continuel sujet de crainte et d'angoisse pour ainsi dire, jusqu'au jour où le Bas-Congo a commencé à voir que lui aussi pouvait travailler comme ces étrangers, Sénégalais, Accras, Dahoméens, Cafres, Barbades, Chinois, qu'à grands frais, avec d'insurmontables difficultés, il fallait amener sur la ligne.

Il s'essaya par des engagements de quinze jours, puis d'un mois aux travaux de terrassements, et en peu de temps, nos ingénieurs firent de lui un poseur de voie. Les premiers Bas-Congos commençaient à s'enrôler ainsi vers le mois de mai 1893.

Ils s'engagent aujourd'hui pour un terme indéterminé, au salaire journalier de 1 fr. 5o en espèces, et la Compagnie en emploie environ 3oo (1).

Ce résultat a été obtenu à l'arrivée de la tête de ligne vers Kenghé da Lemba, c'est-à-dire au point où la voie ferrée rencontre les premières populations. Il est hors de doute qu'avec l'avancement des travaux, la Compagnie arrivera à recruter presque tout son personnel noir sur place.

. . . .

On ne saurait plus douter des résultats que donnera l'utilisation des indigènes dans la région des Chutes. Le développement du travail dans cette

(1, D'après les dernières nouvelles d'Afrique, ce chiffre est doublé.

région, depuis la fin de 1883, est fait pour désarmer l'esprit le plus prévenu. Jusqu'à cette époque, le transport annuel vers Léopoldville avait atteint 1,200 charges environ, et se faisait par un personnel étranger de Zanzibarites et de Loangos.

En 1885, 12,000 charges furent transportées par les Bas-Congos.

En 1887, 50,000 charges.

En 1893, 80,000 charges ont atteint le Pool, sur des têtes de Bas-Congos.

En tenant compte : 1º des charges apportées par le commerce indigène et provenant non seulement des factoreries de Matadi, Nokki, Ango-Ango, etc., mais de la frontière portugaise par la route de San-Salvador; 2º des charges partant de Loango par la route du Mayombe en destination de Brazzaville pour le Congo français, les missions françaises et les commerçants, il est certain qu'il arrive actuellement au Pool environ 110,000 charges par an ; or, la charge est aujourd'hui de 35 kilos, ce qui représente un tonnage total de 3,580 tonnes.

C'est, dans l'histoire générale du travail humain, un exemple remarquable et fortifiant de la prompte assimilation au travail de peuples ba. bares.

J'extrais du *Congo illustré*, quelques lignes fort bien pensées et fort bien écrites :

« L'homme qui s'astreint, pour un salaire minime, à une besogne aussi pénible que celles des transports, ne peut-il être amené à participer à d'autres travaux? Cela paraît d'autant moins douteux que les salaires gagnés lui auront permis la satisfaction d'une partie de ses besoins. Pour dire toute notre pensée, nous estimons cependant qu'on réussira moins facilement à entraîner les nègres à travailler sous le contrôle direct du blanc, qu'à transporter des charges en caravanes libres, et cela se comprend aisément. Mais ce n'est là qu'une question de temps. Avec l'avancement du chemin de fer, il arrivera un moment où les porteurs ne seront plus autant sollicités; puis, ils se présenteront plus nombreux que les charges à transporter, pour voir finalement leur industrie ancienne détruite, le jour où le chemin de fer sera terminé.

» A ce moment décisif de leur évolution, ils devront bien chercher un autre champ d'activité. Mais on peut, dès maintenant, affirmer que ces populations de la région des Cataractes, qui gagnent annuellement près de deux millions à transporter des charges entre le bas-fleuve et le Stanley-Pool, sont aujourd'hui converties au travail. Elles fourniront des bras à l'agriculture quand les transports viendront à leur manquer. »

Voici encore l'opinion d'un voyageur belge qui eut la dure mission de diriger le transport de lourdes charges de steamer, dont le poids avec chariot a parfois atteint quatre tonnes :

» Une fois attelés à ces lourds véhicules, les nègres n'épargnent ni peines ni fatigues pour réussir dans leur difficile entreprise. Ce sont des gens courageux, ardents à l'ouvrage, un peu craintifs peut-être, mais qui gagnent vite confiance dans le blanc. Ils demandent à être conduits à la fois avec fermeté et avec bonté. Ce sont des hommes qu'il faut conduire comme partout il faut conduire des hommes. Il y a, je crois, peu de races dont on peut attendre autant de services, au point de vue du travail manuel, que de la race noire. Le nègre, comme tous les peuples enfants, est certes imprévoyant, mais il est éminemment perfectible. Mais nous-mêmes, n'avons-nous pas été comme eux? Du temps de César, nos belles Flandres n'étaient-elles pas en friche?

» Les noirs transporteurs traînant les chariots, sans un instant de répit, avec des rires et des chants, confirment l'opinion du bel avenir qui leur est réservé. C'est un spectacle émouvant que la traction de ces énormes véhicules au travers d'une des régions les plus tourmentées qui soient au monde. Les chars escaladent les flancs abrupts des montagnes, descendent dans les fondrières, traversent des cours d'eau et les noirs qui les halent ne cessent de se montrer gais et soumis.

» Le but une fois atteint, ce sont des hourras, des cris d'enthousiasme. »

J'ai entendu souvent ces hourras, ces cris d'enthousiasme, et particulièrement dans deux occasions dont le rapprochement me frappa vivement.

La première fois, à Léopoldville, un dimanche de soleil radieux. Il était onze heures; sous les vérandahs, les Européens, un peu engourdis, prenaient l'apéritif. De l'avenue qui termine la route des caravanes, une rumeur vint, lointaine, rumeur de foule excitée, grandissant et se résolvant en clameurs, puis en un chant qu'à pleins poumons lançaient cent vigoureux moricauds apportant aux chantiers de Léo une chaîne lourde et longue de plus de cent mètres.

Nous nous étions tous levés pour nous ranger sur le passage de ce serpent de fer qui venait d'onduler, fantastique, sur une route de 400 kilomètres, meurtrissant de ses trois mille kilos tant de robustes épaules.

D'un geste bien rythmé la chaîne fut jetée bas, et comment dire les gambades, la fantasia, les rugissements de ces travailleurs noirs manifestant en sauvages consciencieux la satisfaction des difficultés si courageusement surmontées? Pas un Européen qui ne se sentît ému et électrisé...

En août 1893, j'entendis de nouveau ces clameurs et ces hourras dans des circonstances inoubliables. Je descendais du Haut-Fleuve, pressé de revoir Matadi que j'avais quitté quatre ans auparavant, au moment où les ingénieurs chargés des premiers travaux de la voie, achevaient leurs tentes. La jambe traversée d'un coup de feu, j'avais dû parcourir en hamac la route des caravanes, passant les rivières à califourchon sur des arbres renversés, lorsque nous atteignîmes Kenghé da Lemba, le point extrême où arrivaient en ce moment les locomotives de service. Je ne dirai pas l'impression qui me secoua à la vue du chemin de fer. Je ne saurais l'exprimer. Assis sur le talus que rectifiait une équipe de Chinois, je ne sus que pleurer à grosses larmes, évoquant les âmes de tous ceux qui n'étaient plus et dont les efforts passés eussent été payés au centuple par la vue du double ruban d'acier qui va permettre au cœur de l'Afrique de battre à coups réguliers et puissants.

La ligne n'était pas en exploitation encore, mais grâce à l'obligeance de M. l'ingénieur Eymard, nous pûmes profiter d'une machine de service regagnant Matadi : bagages, porteurs et nous-mêmes installés pêle-mêle sur trois ou quatre wagons plats. Le jour tombait. Nous approchions de Matadi, ayant franchi à pleine vapeur tant d'obstacles jetés bas par l'énergie des ingénieurs, et dans nos cœurs il ne s'était trouvé place pour d'autres sentiments que de l'étonnement et de l'admiration.

Nos noirs chantaient et trépignaient.

La nuit s'était faite profonde; les feux de savanes l'illuminaient au loin lorsque le train atteignit la M' pozo. Sous un hangar de chaume, près du pont qui franchit le confluent de cette rivière, trois à quatre cents porteurs étaient installés pour la nuit. A l'approche du train, tous s'étaient dressés : une immense clameur, clameur de joie sauvage, brusquement répondit au sifflet strident de la locomotive. Dans ces hourras, qui couvraient le fracas des

roues, montait le cri de délivrance de ces bêtes de
somme intelligentes acclamant le monstre de fer et de
feu, le fétiche béni qui allait bientôt enlever de leurs
têtes crépues les milliers et milliers de fardeaux
dont elles étaient meurtries depuis si longtemps.

A cent pieds en contrebas, sur ses derniers
rapides aujourd'hui dominés, le Congo tordait ses
flots écumants ; dans les gorges sauvages, qu'incen-
diaient les herbes embrasées, se répercutaient les
assourdissantes clameurs ; éblouis, le cœur chaviré,
il nous semblait voir flotter des bannières d'allé-
gresse, entendre tonner des salves triomphantes, et
nous ne savions que répéter et répéter encore :
hourra ! hourra !

L'un de nous manifesta son émotion en lançant
aux eaux du grand fleuve dompté tout ce qui lui
tombait sous la main; c'est ainsi que nous arrivâmes
à Matadi sans chapeaux, sans cannes et sans pipes :
nous avions fait au Congo l'holocauste de ces sin-
guliers *ex-voto*.

Je me rappelai le lendemain la chaîne de
Léopoldville, et je sentis nettement que l'enthousiasme des noirs porteurs devant le chemin de fer
était vrai, leur reconnaissance légitime, sincère et
infinie.

. . . .

Le chemin de fer achevé élèvera d'un échelon
dans leur évolution économique ces peuplades
intéressantes : le noir deviendra agriculteur.

Ainsi, progressivement mais rapidement développé par le travail et l'exemple, il se rendra digne
de l'avenir qui lui est réservé.

. . . .

Dans une conférence suivante, le 21 mai 1894, je m'exprimais comme suit :

Et comme le Bas-Congo, l'habitant des rives du Haut-Fleuve a fourni la preuve suffisante que nous serons par lui secondés complètement, dans la mise en rapport de son immense territoire.

Comme exemple, prenons à Léopoldville ces milliers et milliers de charges de 30 kilos. Comment vont-elles arriver à 2,000 kilomètres de là? Par eau, grâce à la flottille du Haut-Congo, grâce à ces quarante vapeurs venus de la côte par petits morceaux, et que des ouvriers noirs ont aidé à remonter sur les chantiers de Léopoldville, car ce sont des

Bangalas, des Wangatas de l'Equateur, des N'gombès de Basokos, des Bakoumas des Falls qui, guidés par quelques mécaniciens blancs et noirs de la côte, remplissent les chantiers de Léo et de Kinchassa, forgeant, rivetant, tapant ferme du marteau, tout en chantant à pleins poumons.

Il fut relativement facile d'initier les noirs aux travaux des chantiers de Léo et de Kinchassa, car ils ont comme forgerons des qualités propres, dont la preuve est fournie par les formes multiples et souvent très élégantes qu'ils savent donner aux nombreux objets en fer et en cuivre qui se fabriquent dans le Congo tout entier.

A l'heure actuelle, quarante steamers, disons-nous, sillonnent constamment le Haut-Congo et ses affluents; quarante embarcations à vapeur font circuler partout la vie et le progrès, ravitaillent les ports, chargent et déchargent les marchandises, transportent les troupes....

La liste de ces steamers doit être citée :

État du Congo : 12 steamers : Ville de Bruxelles, Ville d'Anvers, Ville de Bruges, Stanley, Ville de Gand, En avant, A. I. A., Ville de Verviers, Ville de Charleroi, Ville d'Ostende, la Délivrance, la Nouvelle Ville de Liége.

Congo Français : 4 steamers : Oubangi, Djoué, Alima, Faidherbe.

Société anonyme Belge : 14 steamers : Archiduchesse Stéphanie, Princesse Clémentine, Roi des Belges, Baron Lambermont, Auguste Beernaert, Florida, Général Sanford, Katanga, France, Ville de Paris, Scioute, Seine, Rhône, Daumas.

Maison hollandaise : 4 steamers ayant leur port d'attache sur le territoire français : Holland, Frederik, Antoinette, Wendeline.

Mission belge de Scheut : 1 steamer : Notre-Dame du Perpétuel Secours.

Mission française du Saint-Esprit : 1 steamer : Léon XIII.

Mission Baptiste anglaise (B.M.S.) : 2 steamers : Peace et Godwill.

Mission Baptiste américaine : 1 steamer : Henry Reed.

Mission anglaise du Balololand : 1 steamer : Pioneer.

De ces quarante vapeurs, trente et un ont leur port d'attache dans l'Etat Indépendant du Congo, 9 dans le Congo français.

L'État libre a 12 vapeurs; le Congo français 5,

qui ensemble ont un tonnage moindre qu'une des quatre grandes canonnières de l'Etat.

Le commerce dans l'Etat du Congo est représenté par 14 vapeurs et de nouveaux sont en cours de route ; dans le Congo français par 4.

Enfin, les missions de l'Etat Indépendant ont 5 grands steamers ; le Congo français a une petite chaloupe, ancienne embarcation à voile transformée après coup.

Je dois à la vérité de dire bien haut que cette chaloupe des missionnaires français, le Léon XIII, est, parmi les steamers du Haut-Congo, un des plus actifs, des plus entreprenants, des plus infatigables : c'est le père Allaire qui le mène et les qualités du Léon XIII ne sont que le reflet de celles de son capitaine.

En dix ans il a été perdu 4 steamers : le Ballay, steamer français, qui sombra corps et biens dans les chutes de l'Oubangi ; la Ville de Liége, à l'Etat, qui se perdit dans le Lomami ; le baron Weber, petit vapeur de la Société belge, qui coula en face de la rivière Noire (entre le Stanley-Pool et le Kassaï) ; et le Courbet qui vient de couler à pic, devant Tchoumbiri.

Au total 44 steamers sont venus au Stanley-Pool par petits morceaux, sur des têtes de nègres. Le poids moyen de ces petits morceaux étant de 3o kilos, pour les transporter tous en une seule caravane, il aurait fallu mettre en marche une armée de porteurs avec capitas, porte-nourriture, chefs, surveillants blancs, etc...., forte de 100,000 hommes, l'effectif de l'armée belge.

Avec toutes les ressources dont dispose aujour-
d'hui le portage à dos d'hommes, il faudrait encore
plus d'un an pour recommencer la montée de ces
44 vapeurs de Matadi à Léopoldville. Et si l'on
songe qu'un seul grand steamer de mer de 3,000 tonnes est capable d'apporter en une fois dans ses flancs
les 44 steamers du Haut-Congo, on aura une fois de
plus l'idée des difficultés qu'il y avait à attaquer
l'épaisse enveloppe de la noisette dont parle Stanley.

Les steamers du Haut-Congo ont des équipages
indigènes, comprenant jusqu'à 5o hommes pour les
grands transports, se réduisant à 15 hommes pour
les petites chaloupes. En comptant 3o hommes en
moyenne par steamer, on voit que la flottille du
Haut-Congo emploie $40 \times 3o = 1,200$ travailleurs
recrutés dans tous les villages riverains. Les plus
recherchés sont les Wangatas de l'Équateur, les
Loulangas et les Bangalas.

Ils remplissent les fonctions d'aides-mécaniciens,
de chauffeurs et surtout de pilotes, et dans ces dernières fonctions ils montrèrent tous dès le début de

telles aptitudes, que la circulaire suivante fut adressée à tous les commissaires de district du Haut-Congo, par le Gouverneur Général :

Boma, le 28 août 1889.

Messieurs,

Le nombre de capitaines de steamer étant très limité, il n'y a pas d'inconvénient à ne pas avoir de capitaines de réserve, car les petits steamers tels que l' « A. I. A. », « En Avant », « Ville de Gand », « Ville de Verviers », etc., peuvent très bien, à la rigueur, être conduits par des pilotes noirs. Cela a d'ailleurs souvent été le cas pour l' « A. I. A. » et l' « En Avant ».

Je recommande donc aux commissaires du district du haut-fleuve d'avoir soin de former incessamment de nouveaux pilotes noirs. Les pilotes de rivières sont surtout formés par la pratique ; or, les noirs, avec leur merveilleuse mémoire locale, ont des facultés extraordinairement utilisables dans ces fonctions.

Pour le Gouverneur Général absent,

L'Inspecteur d'Etat,
(Signé) CAMBIER.

Ce sont aussi d'excellents chauffeurs, observant très bien le niveau d'eau, le manomètre, les soupapes, réglant sans hésitation le jeu des pompes et du giffard.

Enfin, comme mécaniciens, ils font tout le service courant de la machine. Le mécanicien blanc répare et ajuste sa machine que l'indigène conduit alors parfaitement ; et souvent je me suis surpris absorbé dans la contemplation de ce fils farouche de l'Afrique, l'œil sur le cadran du télégraphe, la main sur les leviers de marche ! Je le trouvais très crâne et dans mon esprit subitement pensif je le voyais grandir, se transformer, devenir notre égal.

Parfois le mécanicien blanc tombe malade à ne pouvoir quitter sa cabine ; alors c'est un Bangala, un Wangata, un N'gombé qui assure tout le service. Le fait est fréquent ; ainsi, en avril 1893, le mécanicien européen de la « Ville de Bruxelles », ayant contracté la variole, son aide noir, un superbe Bangala, ramena le vapeur du fond du Lomami au port de Léopoldville ; la distance par eau entre ces deux points est de près de 2,000 kilomètres.

Et pour donner un exemple plus frappant encore de ce que l'on peut obtenir de l'indigène du Haut-Congo à bord des vapeurs, je citerai un dernier fait :

Un jour de novembre 1891, la table d'Equateurville réunissait trente-deux Européens, agents de l'Etat, qui arrivaient à bord de la « Ville d'Anvers », en destination des stations du Haut-Fleuve.

Quoique nous n'eussions à ce moment ni beurre, ni café, ni vin, ni farine, nous réussîmes pourtant à recevoir dignement ces nouveaux camarades et à leur offrir un banquet où figuraient, entre autres bonnes choses, un haricot de mouton où n'entraient ni haricots, ni mouton, mais des poules et du maïs, et des poulets farcis dont la recette fut écoutée attentivement par nos invités : pour farcir un poulet en Afrique, on hache un autre poulet et on le fourre dans le premier.

Nous donnions là aux novices, sous une forme

plaisante, une idée de l'utilisation des ressources du pays et la conversation s'étant engagée sur ce terrain, on en vint à parler de l'utilisation des indigènes; les nouveaux arrivés ayant paru fort incrédules quant à la possibilité d'en tirer si bon parti que nous le disions, je leur promis de leur faire, le lendemain, une expérience concluante. Le lendemain donc, je pris place avec eux à bord de la « Ville d'Anvers »; j'avais fait chauffer notre petit vapeur « Ville de Charleroi », dont l'équipage tout entier se composait d'indigènes de Loulanga dressés par nous. Je fis connaître alors aux incrédules que ces indigènes allaient partir en même temps que nous, que seuls ils conduiraient leur vapeur, et qu'ils arriveraient avant nous à Coquilhatville, à 1 heure 1/4 plus haut.

Ainsi fut fait.

Tandis que la « Ville d'Anvers », véritable maison flottante, était obligée de prendre le milieu du courant, ce qui la retardait, l'élégante petite chaloupe, confiée aux seuls noirs, filait, docile ainsi qu'une légère pirogue, le long de la rive et prenait victorieusement l'avance. Et comme la nouvelle de ce match s'était en un clin d'œil transmise le long de la rive, ce fut devant des centaines d'indigènes accourus et massés au bord de l'eau que la lutte se déroula, durant que d'assourdissantes clameurs saluaient le succès de la « Ville de Charleroi ».

A bord de la « Ville d'Anvers » il n'y eut plus personne qui ne fut convaincu de ce que pouvait produire l'élément indigène quand on veut se donner la peine de bien apprendre sa langue, de bien lui expliquer ce qu'on veut de lui, et surtout quand on s'efforce de lui donner constamment l'exemple.

Dans toutes les stations de l'Equateur c'est l'élément indigène, s'engageant volontairement, qui assure tous les services.

Voici le tableau total du personnel noir du district de l'Equateur, le camp d'instruction excepté, dans le courant de 1893 :

Station de Coquilhatville : 180 noirs, dont 154 indigènes, répartis comme suit : 1 cuisinier — 2 aides-cuisiniers — 1 bouvier — 7 domestiques — 2 interprètes — 1 servant de table — 30 scieurs — 13 travailleurs divers — 84 soldats — 13 travailleurs de steamer.

Station de Bassa n'Koussou : 85 noirs, dont 77 indigènes, répartis comme suit : 1 cuisinier — 2 domestiques — 1 servant de table — 3 bouviers — 60 soldats — 10 engagés pour les postes du Lopori et de la Maringa.

Poste fiscal de n'Gombé : 34 noirs, dont 25 travailleurs et 6 femmes indigènes.

Le personnel des missions et des maisons de commerce est également presque en entier indigène.

Personnel des factoreries de la Société anonyme belge dans le district de l'Equateur.

Équateurville. . .	1 blanc	54 indigènes
Boun' sira Wanéné .	2 blancs	64 »
Bassa n' Koussou .	1 blanc	79 »
S. Aug. Beernaert .	1 blanc	25 »
Totaux . . .	5 blancs	222 indigènes

Tous ces noirs sont naturellement et instinctivement de bons soldats; leur instruction militaire se fait aisément, et ils deviennent d'excellents tireurs. Il me souvient que le lieutenant Sarrazyn, chargé à l'Equateur de dresser un contingent de 80 indigènes d'Irébou, de Boussindi et de nos alentours, avait promis 25 centimes à ceux qui, aux séances de tir aux capsules, auraient deux roses sur trois balles. Il ne tarda pas à en avoir pour 2 francs par séance, et vint m'exposer son cas : « Si les progrès continuent, disait-il, je vais en avoir bientôt pour dix francs par jour. » Je félicitai vivement l'instructeur et ses recrues, et engageai le premier à doubler la distance du tir.

Des métiers où excelle rapidement le Congolais sont ceux de briquetier et surtout de scieur de long. Toutes les missions protestantes des rives du Congo sont bâties en planches débitées en forêt par des scieurs noirs recrutés sur place. Il ne faut pas un mois pour dresser des équipes au maniement de l'herminette, du cordeau, du fil à plomb, de la scie de long; les capitas de chaque équipe ont un tourne-à-gauche et une lime tiers-point,

et ils savent parfaitement donner eux-mêmes la voie
et affûter leurs scies.

La station de Coquilhatville comprenait en
juin 1893, au moment où je remis mon commandement, trois grands bâtiments en planches sur pilotis,

dont les matériaux étaient apportés tous les diman-
ches matin par cinq équipes de scieurs, fortes cha-
cune d'un capita et de quatre aides. Ces hommes
travaillaient en forêt où et comme ils voulaient : le
dimanche, à l'appel pour la ration, ils apportaient
cent planches de 4 mètres de long sur 30 à 40 centimètres de large.

La main-d'œuvre indigène revenait à 20 centimes
par planche.

Frappé de cette manière de prc. éder, un missionnaire anglais de Bo'n'ginda, M. Howell, eut l'idée,

chaque fois que des scieurs employés aux ateliers de la mission
auraient fini leur terme de service,
de leur faire cadeau de tout le
matériel nécessaire à la confection
de planches, à la condition qu'ils
prissent l'engagement d'aller travailler à leur guise en forêt et,
quand ils auraient débité un certain nombre de planches, de venir
les offrir en vente aux Européens.

Mon retour en Europe m'a
empêché de connaître ce qu'il
advint de cette intelligente et
louable initiative; si elle a réussi il n'est pas
impossible que les indigènes se mettent à
demander des scies et des herminettes, afin
de fabriquer des planches non seulement pour
nous, mais aussi et surtout pour eux, car ils
se mettront vite au métier de charpentier, pour
lequel ils ont des aptitudes
révélées dans la façon dont,
avec des instruments des
plus primitifs, une petite hache et une
petite herminette, ils parviennent à creuser
de très élégantes pirogues qu'ils ornent
de couteaux, de lances, de crocodiles
en relief; ils confectionnent des
pagaies gracieusement effilées,
des escabeaux, etc., etc., et
j'ai eu l'occasion d'acheter
deux cercueils confectionnés à

7

l'Equateur, l'un pour un chef, l'autre pour sa femme ; ils montrent que les Wangatas qui les ont confectionnés ont des dispositions à la sculpture.

A Equateurcamp toute la charpente était faite par des soldats originaires de l'Ouèllé et qui avaient été dressés par les agents blancs du camp; un de ces charpentiers confectionnait de fort jolies chaises, des tables, des étagères. Ce résultat était dû aux efforts du commandant du camp, le sous-lieutenant De Bock, et de ses adjoints.

Secondé par nos braves moricauds, nous avons réussi à édifier des stations auxquelles nos p'us

ardents adversaires en Afrique ne peuvent parfois s'empêcher de rendre hommage. Voici le dernier alinéa d'une lettre datée de Brazzaville, 10 avril 1893 et publiée par la « Politique coloniale », qui la donne comme émanant d'un commerçant français :

« Les stations de l'Etat sont généralement bien établies et construites, soit en planches du pays, comme à Equateurville, ou en briques

cuites faites sur place, comme à Nouvelle-Anvers, à Basokos, qui sont fort remarquables à ce point de vue et forment de véritables petites villes très coquettes.

» On peut dire que, matériellement, l'Etat Indépendant a déjà fait beaucoup avec, il est vrai, un budget s'élevant au triple de celui de notre colonie du Gabon-Congo. »

*
* *

Le noir est-il un habile commerçant?

Voici ce que je lis dans Stanley, *Cinq années au Congo :*

'AGIT-IL de débattre un marché? Je gage que l'indigène du Congo l'emporterait sur tous les juifs, chrétiens ou parsis que compte l'univers. Ceux qui n'y réfléchissent pas objecteront que la finesse et l'habileté en affaires ne sont pas possibles chez des noirs dont les mœurs sont si grossières, dont l'ingénuité est la caractéristique.

» Ingénus, les Africains!...

» Hommes ou enfants, ils sont tout ce qu'on voudra, hormis ingénus, lorsqu'ils ont appris à trafiquer.

» Ingénus vous-mêmes, ingénus les Peaux-Rouges

si vous voulez; ce qualificatif ne peut s'appliquer à l'Africain, j'en sais quelque chose, moi qui fraye depuis bientôt 17 ans avec la population de l'Afrique.

» Il m'est arrivé de voir un enfant de huit ans duper plus de monde en une heure que le plus expert des commerçants européens au Congo n'en puisse duper en un mois.

» A Bolobo, il y a un petit garçon de 6 ans, du nom de Lingenji, qui tirerait plus d'argent d'une pièce de drap valant cent francs, qu'un Anglais de quinze ans n'en saurait tirer d'une pièce de drap qui en vaut mille. Chaque fois qu'il est question d'un indigène du Congo, — de la tribu des Bas-Congos, des Bayanzis, des Batékès, peu importe — il faut se figurer un personnage sans rival sur le terrain de la chicane et du négoce. »

Cette appréciation de Stanley est confirmée par tous les commerçants belges qui ont traité avec des noirs : il y a là-dessus accord unanime.

Le plus bel exemple de ce que peut le noir comme commerçant est fourni par Shanu, dont j'ai parlé précédemment.

*
* *

Un dernier point.

Nous ne comprenons pas, disent les adversaires de la politique coloniale, pourquoi le nègre travaillerait puisqu'il court tout nu, qu'il aime ça et qu'il n'a pas de besoins.

Encore une fois ici, nul de ceux qui ont consciencieusement observé le noir chez lui n'ont jamais dit

ni écrit pareilles choses. Le nègre ne court tout
nu que quand il ne peut faire autrement ; il n'est
pour ainsi dire pas de tribu qui ne confectionne

des tissus indigènes en coton, fibres d'ananas, de
m'poussou, etc. Le noir n'aime pas de courir
tout nu et il a quantité de besoins.

J'ouvre encore Stanley.
Il décrit une réunion de chefs à Vivi :

« D'abord le doyen des seigneurs de Vivi : il porte
une livrée bleue de domestique, un bonnet phrygien

en tricot multicolore et un caleçon de nuance
criarde.

» Vient ensuite Ngoufou - Mpanda vêtu
d'une tunique rouge de soldat anglais, d'un
chapeau de feutre brun, d'un caleçon à
carreaux.

» Puis on me présente Kapita, enveloppé
d'une tunique de soldat, bleu foncé.

» Après un salut imitant celui des
marins, il se range pour faire place à
Vivi-Nkou, vêtu d'une redingote noire
et d'un chapeau de soie; en fait de
caleçon, une ample jupe de laine
écarlate.

» Enfin vient Benzani-Congo, beau jeune homme
bien découplé, portant un paletot brun foncé qui a
évidemment appartenu jadis au domestique de
quelque club de Londres, et un caleçon en toile
de coton à pois bleus.

» Les hommes d'armes n'avaient pas mauvaise
tournure.

» Les profits du commerce leur avaient fourni les
moyens de s'affubler d'habillements convenables en
calicot à dessins et en calicot écru. Presque tous
étaient coiffés d'une casquette de toile rayée ayant
la forme d'un prétentieux bonnet phrygien; quelques-uns, mais le petit nombre, portaient de préfé-
rence le feutre anglais ou le chapeau de paille.

» Si peu nombreuse que fut cette assemblée d'aborigènes de Vivi, elle me faisait espérer un brillant
avenir pour l'Afrique, en supposant que, par un
miracle de bonne fortune, je pusse parvenir à décider

les millions de nègres de l'intérieur à se dépouiller de leur accoutrement d'herbes sèches pour adopter des vêtements européens d'occasion, tels qu'on en porte à Whitechapel, par exemple.

» Quel débouché il y aurait là pour les vieux habits!

» Les anciens uniformes des héros militaires de l'Europe, les livrées des laquais de club et de la valetaille attachée aux Pharaons modernes, les vieilles robes d'avocat, les habits usés des Rothschild, les sévères redingotes de mes éditeurs eux-mêmes, serviraient à parer les chefs du Congo, qui s'y pavaneraient avec joie les jours où ils auraient à se mettre en grande tenue pour faire des visites de cérémonie.

» Depuis, l'expérience a entièrement confirmé mes prévisions : j'ai rencontré par milliers de noirs enfants de l'Afrique qui ne croient pas déroger en utilisant les vieux habits des pâles enfants de l'Europe; qui, au contraire, se donnent beaucoup de mal pour amasser de quoi acheter ces vêtements passés et en devenir les légitimes et fiers propriétaires. »

A cet extrait de Stanley, qu'on me permette d'ajouter ce que j'écrivais moi-même, en 1890, à propos d'un « koungi » ou kermesse nègre à la station de Loukoungou :

Tout est prêt. Nous n'avons plus qu'à attendre nos invités qui arriveront vers midi.

2 heures. A la file indienne. En tête un vieux chef coiffé d'un casque en cuivre orné d'un énorme

panache. Retenu par la chaînette, le casque, beaucoup trop grand, prend sur la tête du « m' foumou » des positions d'équilibre instable extraordinaires.

Un autre a 4 chapeaux superposés avec, au-dessus, un fez pointu. Et quels accoutrements de fête! Des fracs modèle 900 avant J.-C.; des habits rouges à parements dorés; des parasols à bandes jaunes, rouges, vertes, bleues; d'énormes couvertures bariolées servant de burnous...

La station s'anime. L'animation grandit.

Nouvelle bande composée surtout de femmes, que mène un musicien du cru s'époumonnant dans un vieux clairon. Les femmes se sont faites belles pour la circonstance.

Leur arrivée est acclamée d'enthousiasme.

Autour de la tête une mince bande d'étoffe formant diadème; dans le nez, dans les oreilles, des bâtons, des anneaux, des petites enfilades de perles; les bras, le torse garnis de multiples rangs de perles; sur la poitrine un miroir; dans le dos des grelots. Aux poignets et aux chevilles force anneaux énormes en cuivre et en métal blanc.

La figure est rougie au n'goula, le fard africain par excellence. Les danses commencent à prendre un caractère échevelé.

Une nouvelle file indienne, sous les parasols les plus invraisemblables, et marchant au son d'un accordéon asthmatique.

Le clairon de tout à l'heure reprend de plus belle, essayant d'étouffer les sons de l'accordéon.

Le voisin du clairon, qui a le pavillon dans l'oreille, assène à l'instrument un coup de poing qui force l'instrumentiste à avaler son embouchure. Quelle scène et quel tumulte !

Les tambourineurs, tout en s'escrimant à tours de bras, poussent des cris qui feraient croire à un égorgement général.

Jusqu'au « tangou koufoi » (coucher du soleil), on boit, on danse, puis nos gens s'en vont jusqu'à demain.

Seuls, quelques pochards restent chanter, en improvisations sans fin, les louanges de Boula-Matari.

. . . .

Le lendemain, un monde fou.

C'est d'abord Katamondélé, *vir dicendi peritus*, homme maniant bien la parole. De fait, chaque fois qu'il vient palabrer, j'admire son calme, ses gestes, tout son jeu oratoire.

Le voici vêtu d'apparat : grand habit rouge et or ; en bandoulière une écharpe rouge supporte une énorme cloche signalant au loin l'arrivée du chef ; comme pagne une peau de chat sauvage ; au cou un magnifique collier de cuivre batéké ; sur la tête un grand feutre.

Les noirs arrivent maintenant de partout.

Quelle débauche de parasols bleus, verts, jaunes, rouges... En tête le chef portant sur chaque épaule une énorme couverture ; derrière lui un tambour et souvent soit une trompette soit une vieille clarinette d'où sortent des bizarreries musicales déconcertantes.

Encore un chef casqué !

Seulement la tête est énorme et le casque tout petit; la mentonnière passe sur le nez et le chef doit se tenir comme s'il avait une tête de bois. Il a l'air au supplice. Mais que lui importe; n'est-il pas l'esclave de la mode?

Distribution de chèvres et de cochons. L'entrain n'a plus de bornes.

.   .   .   .

Dernier jour des fêtes. Katamondélé qui a logé chez son ami Kimbanza, arrive à 7 heures du matin.

A son écharpe à cloche d'hier, il a ajouté sur l'autre épaule une écharpe à clochettes et à grelots attachés aux franges : un vrai carillon ambulant.

.   .   .   .

Tout ceci est extrait de lettres écrites en 1890, à mon Régiment.

.   .   .   .

Mais ai-je besoin de tant insister sur ce fait que le noir est avide de tous nos produits d'Europe?

Rappelez-vous donc les Congolais de l'Exposition d'Anvers.

Etaient-ils assez friands de tous nos objets de toilette et de parure : vêtements, chapeaux, souliers, cannes, parapluies, mouchoirs de poche, voilettes, gants, bagues, broches, bibelots de toute espèce?

Et les cigares?

Et toute la nourriture européenne?

Chacun d'eux n'avait-il pas au départ 3 ou 4 malles et caisses bondées de mille objets?

Vous souvient-il qu'aux régates d'Anvers, les pagayeurs Bangalas qui avaient vaincu les Basokos et les Sangos, refusèrent les costumes qu'on leur décernait comme prix, parce que ces costumes étaient en toile bleue, et qu'ils voulaient des costumes en laine? «Comme vous », disaient-ils aux membres du jury.

Quand ils vinrent à Bruxelles, aux régates de l'Allée Verte, il y eut foule comme l'on n'en vit jamais et l'on put voir si eux-mêmes ne prenaient pas le plus grand goût et le plus grand plaisir à toutes nos manifestations. Jusqu'à leurs photographies dont ils étaient aussi avides que nous.

. . . .

Et pour appuyer par des chiffres tout ce que nous affirmons sur les besoins existant déjà chez les noirs du Congo, voici les entrées du commerce général au Congo, en 1893 :

Allumettes . . . . . . .frs.	8,732 63
Bijouterie en or et en argent. .	5,751 46
Autres bijouteries	7,563 14
Montres et fournitures.	2,543 75
Pendules et réveille-matin . .	3,743 63
Bougies	14,925 63
Sel pour le trafic.	49,394 62
Faïencerie et poterie	77,655 46
Habillement et lingerie . . .	272,531 97
Mercerie et parfumerie . . .	47,906 66
Quincaillerie (ustensiles de cuisine et de ménage, bracelets en cuivre et en fer, machettes et miroirs, etc.)	287,724 57
Savons.	21,674 89
Tissus de coton écrus	240,855 70
— blanchis . . .	79,917 62
— imprimés . .	1,026,344 87
— teints. . . .	1,044,954 70
— d'autres catégories	138,727 94
Tissus de laine	187,800 88
Tissus de chanvre et de jute. .	45,768 01
Tissus de soie	20,383 12
Tissus de velours	3,289 50
Châles	3,795 52
Tapis	48,589 72
Verroterie.	233,390 86
Total. . . .frs.	3,874,856 85

Ce sont là les valeurs déclarées en douane. Mais on sait que, règle générale, les déclarations sont inférieures aux valeurs réelles (afin de diminuer les droits d'entrée). Il faut donc augmenter notre total d'environ 1/10, ce qui le porte à 4 millions 1/4.

Ces chiffres répondent victorieusement à ceux qui prétendent que le noir veut continuer à courir tout nu, et qu'il ne demande à être habillé que pour être enterré.

La vérité est qu'il demande aujourd'hui à être de mieux en mieux habillé, et à emporter le plus d'étoffes possible avec lui dans la tombe.

Ce sont bonnes conditions pour le commerce.

*
* *

Ce que sera le commerce?

Il suffit, pour en être convaincu, de lire les nombreuses descriptions de marchés qui ont été publiées.

Voici ce que j'écrivais dans le *Congo illustré*, n° 15 de 1892 :

Les Marchés publics.

Les marchés publics constituent, dans le bassin du Congo, une grande institution.

Ils présentent un spectacle des plus intéressants et servent de véritable bourse africaine pour les négociations les plus variées. Outre qu'on y trouve tous les produits échangeables, c'est au marché aussi que se communiquent les nouvelles importantes et que s'enrôlent nombre de travailleurs.

Les marchés sont policés et ordonnés; les fusils doivent avoir la platine enlevée; deux ou trois gardiens seuls ont le fusil chargé et armé.

Les marchés se désignent par le nom du jour où ils se tiennent, suivi du nom du chef du village ou du groupe de villages qui approvisionnent et surveillent.

Nous voici, par exemple, au kandou de Kimpéssé.

Il se tient tous les 8 jours, le jour « kandou » au plateau du village Kimpéssé, sur la Loukounga supérieure (future station du chemin de fer).

Le marché de Kimpéssé reçoit des marchands noirs venant de quatre jours .de distance et faisant le tour Kinsouka-Kimpéssé-Kikandikila.

Réunion très animée, se tenant sur un large emplacement garni de bouquets d'arbres, parmi lesquels l'euphorbe.

On reste étonné de tout ce qu'on y vend.

Quantité d'étoffes variées et même des vêtements confectionnés par les indigènes.

Fusils, poudres, pierres à fusil, couteaux; cochons, chèvres, moutons, poules, canards, pigeons, poissons, rats, mulots, chauves-souris, nzibizi, éperviers, tout cela fumé; tabac, sel, nattes, poteries d'Europe et poteries indigènes, malafou, huile de palme, bière de maïs, perles, chapeaux, parasols, pipes, vivres, légumes, terre à blanchir, tambours, caisses de résonance, doubles cloches indigènes, n'dimbas, etc.

Le poisson arrive par moutêtes entières, depuis de minuscules crevettes, jusqu'aux poissons gros comme la jambe.

De longues brochettes d'anguilles excitent notre envie, mais hélas! le poisson séché à la mode nègre a bien mauvaise odeur. On s'y fait cependant.

Les chefs, leurs m'lékés (seconds), tous les personnages importants sont fort bien habillés.

Je remarque le chef de M'Bouka, portant une chemisette d'une blancheur irréprochable très coquettement ornée à l'échancrure d'une bande de soie bleue de trois doigts de large.

Un pagne d'épaisse étoffe rouge, sur l'épaule une couverture à franges irisées, un coquet chapeau de feutre gris avec cordelière à glands et un parasol bariolé complètent une élégante toilette nègre.

Lorsque feu Kassémi, le précédent chef de Kimpessé, apparaissait sur son marché, tous se jetaient à terre et les autres chefs, avec leurs cours, venaient s'agenouiller devant le grand « m' foumou »; ce dernier relevait ses sujets en frappant trois fois dans ses mains.

Chaque grand marché offre ainsi ses particularités : Kikandikila réunit 1,5oo noirs; le Kenghé-Mowembé vend quantité de noix de kola; Manyanga-Nord est le grand marché d'œufs. Le cercle Kinsouka-Kimpessé-Kikandikila est fréquenté par les marchands de caoutchouc venant du Sud-Est, des régions du Kwango.

*
* *

. . . .

Le lieutenant Gorin, dans son rapport sur son voyage au Kwango, écrit :

« La grande totalité du caoutchouc obtenu passe sur le territoire portugais par l'intermédiaire des marchands Bassombos qui encombrent les marchés et les villages, où parfois quelques-uns des leurs se trouvent à demeure.

» De grands marchés ont lieu périodiquement à l'ouest de N' toumba-Mani.

» Vers l'Est se trouvent les marchés de N'sona-Fidi et de Kinsemba, où se donnent rendez-vous tous les habitants des environs.

» Les affaires de quelque importance sont toujours traitées par les Bassombos, qui étalent tout ce qui peut allumer la convoitise des indigènes : étoffes de prix, couvertures, fusils, poudre, tapis, pagnes de toutes les qualités, couteaux, machettes, perles, rien ne fait défaut à leur étalage en plein air.

» Riche et pauvre peuvent également se procurer, contre du caoutchouc, ce qui excite leur désir.

» D'autres ont établi çà et là de véritables boucheries, où sont abattus parfois 30 à 40 chèvres et cochons, et un ou deux bœufs amenés du Sud.

» La seule monnaie courante est le petit cube de caoutchouc. Nos hommes, pour se procurer de la nourriture, avaient d'abord à se rendre chez un « changeur » de l'endroit, pour recevoir en échange de leurs étoffes la monnaie précitée.

» Le petit commerce est aux mains des femmes, qui

écoulent sur le marché les produits des cultures; avec
le caoutchouc recueilli elles se rendent chez le Bas-
sombo et acquièrent les étoffes et les perles dont
elles aiment à s'orner. »

. . . .

Plus loin, parlant des populations soumises à ce
moment à l'autorité de Kiamvo, le lieutenant Gorin
écrit :

« Là encore se rencontrent les grandes caravanes
de Bassombos qui traversent la rivière et accaparent
presque tout le commerce du caoutchouc.

» Arrivant de la côte avec de nombreuses
marchandises, ils ne tiennent aucun compte des
frais de transport dans leurs transactions commer-
ciales. De plus, se rendant à domicile pour traiter de
l'achat, ils épargnent à l'indigène les longues mar-
ches vers les marchés.

» Après avoir recueilli les charges préparées (la
charge atteint presque toujours le poids de 60 kilogrammes par porteur), ils s'enquièrent auprès des
populations des besoins futurs et, lors d'un prochain
voyage, amènent les objets demandés en échange
du stock de caoutchouc préparé en leur absence. »

(Congo illustré du 14 Janvier 1894.)

Encore un mot à propos des marchés.

Dans une conférence donnée le 23 avril 1894, à la
Société d'Etudes coloniales, je disais à propos de la
région du chemin de fer :

En quelques années, nous avons vu arriver sur

les marchés indigènes des produits de consommation
que nous étions souvent heureux de nous y procurer : bougies, savon, sardines, sucre, thé, etc.

.   .   .   .

On a prétendu que le noir étoufferait sous nos étoffes de laines.

Mais quand il en a les moyens, le noir s'habille chez lui beaucoup plus chaudement que nous ne faisons nous-mêmes.

Il faut n'avoir jamais lu le moindre récit de voyageur africain pour ne pas savoir combien le noir est sensible au froid.

Mais c'est le froid qui est la plus grande cause de décès parmi les noirs !

Le feu est entretenu toute la journée dans les villages, en plein air et dans les huttes ; la nuit les noirs se roulent dans des nattes, quand ils n'ont pas d'étoffes et surtout de couvertures, et dorment collés à leurs feux ; on en voit souvent disposer des troncs d'arbres morts suivant les rayons d'un cercle au centre duquel est le feu ; et ces troncs servent de lit aux noirs qui s'y étendent tout de leur long, tandis que l'extrémité du tronc se consume lentement.

Partout sans exception nos couvertures de laine sont avidement demandées; elles sont non plus seulement un objet de luxe, mais un objet de grand bien-être...

*
* *

Nous avons peu parlé jusqu'ici de ce qu'on peut obtenir des noirs du Congo au point de vue intellectuel et au point de vue moral.

Ici encore je me contenterai de reproduire ce que j'ai dit et écrit longtemps avant que la question de reprise immédiate ne fût posée au pays :

*Conférence à la Société d'Etudes coloniales,
le 23 avril 1894.*

Que si l'on s'adresse à l'intellect du Bas-Congo, on reste frappé des résultats obtenus par les missionnaires. Je citerai quelques exemples :

Le 23 juillet 1890, partis le matin de la station de Loukoungou et remontant la vallée de la Loukounga, nous atteignons à 2 heures de l'après-midi le village de Sama.

Le chef Mayala met sa hutte à ma disposition. A l'une des parois un tableau noir avec les *ba, be, bi, bo, bu* pour les petits sauvages, à qui, chaque samedi, une dame missionnaire de Loukoungou vient donner la leçon.

Le chef est sous sa vérandah, dans une chaise longue, présent de la mission; autour de lui son m'léké (héritier présomptif), des femmes, des enfants, ayant en mains de petits livres qu'ils lisent attentivement.

Au coucher du soleil, le tambour appelle les fidèles à la prière du soir. Les femmes, les enfants, quelques hommes se réunissent dans la hutte du chef, dont le m' léké entonne des chants pieux que tout le monde accompagne à pleine voix. Entre chaque chant, un sermon pendant lequel tous ont la tête dans les mains. Mes gens se sont joints aux noirs de Sama, et j'entre aussi dans la case-église, le chapeau à la main, très ému devant le résultat obtenu par un missionnaire que j'aime de tout mon cœur, le brave et digne M. Hoste, de Loukoungou. Car, certes, il n'y a dans ce que je vois, aucune affectation; ces cœurs primitifs ne posent pas pour la galerie; j'assiste à une manifestation naïve de la confiance qu'a su leur inspirer un blanc qui est bon pour eux, et il me semble sentir qu'on peut avoir toute confiance aussi en ces aborigènes frustes mais si bien doués.

．　．　．　．　．　．　．　．　．　．　．　．　．　．　．　．

A la mission suédoise de Moukiboungou et à la mission anglaise de Loutété, s'imprime un journal écrit en fiote, composé par le personnel noir de ces missions et lu dans tous les environs.

Le journal de la mission de Moukiboungou, format in-8⁰, est mensuel et a pour titre : « *Minsamou Miayengé* », le *Messager de la Paix*.

Chaque numéro renferme, outre des articles religieux, des études sur l'hygiène, l'histoire naturelle, l'astronomie, la géographie, l'arithmétique, des adages et des poésies indigènes.

Pendant 1893, le tirage du « *Minsamou Miayengé* » a été de 400 exemplaires.

On imprime aussi dans ces missions, toujours avec des ouvriers indigènes, des livres de cantiques, des abécédaires, un almanach donnant notre calendrier avec une adaptation fiote...

Parmi les curiosités du compartiment congolais à l'exposition d'Anvers, il nous a été donné de voir un modèle de l'imprimerie de Boma, fonctionnant; les protes étaient des noirs, dont deux sont restés en Belgique, pour se perfectionner chez M. Van Campenhout.

Des diverses et nombreuses missions (quinze environ) qui se sont développées dans la région des Chutes, des groupes d'indigènes évangélisés parcourent le pays, disant partout la parole de paix.

Et comme on sent bien là-bas la grandeur de cette parole : « Gloire à Dieu au plus haut des cieux et paix sur terre aux hommes de bonne volonté. »

*   *   *   *   *   *   *   *   *   *   *   *

En décembre 1890, je me trouvais chez Makitou, l'un des grands commerçants noirs de la région des Cataractes. J'y vis arriver un noir des environs de

Kinguschi sur le Kwango; il apportait à Makitou une lettre d'un de ses fils qui accompagnait Dhanis, à la tête de 5o auxiliaires Bas-Congos. Cette lettre, écrite en fiote, fut lue à Makitou par un autre de ses enfants.

En août 1893, je reçus à N'Soungui une lettre fiote, envoyée par le même Makitou, pour annoncer qu'un convoi de porteurs avait quitté le matin son village vers Loukoungou. La formule qui terminait cette lettre équivalait à « votre dévoué camarade ».

Ceux qui écrivaient ces missives étaient des élèves de la mission de Loutété qui, sous la direction de M. et de Mme Bentley, est devenue le point le plus avancé peut-être de toute la région.

Conférence du 21 mai 1894.

La mission de Loukoléla emploie comme moniteurs de jeunes esclaves libérés par les missionnaires et qui, aujourd'hui, donnent la leçon à leurs frères. L'imprimerie de la mission n'a pas d'autres ouvriers que ces enfants indigènes, et, chaque fois que mes voyages me faisaient passer par Loukoléla, ce m'était un vrai régal que d'écouter les chœurs à trois voix chantés par 5o enfants, qu'un d'entr'eux accompagnait à l'harmonium.

C'était encore un enfant, élevé à la mission, qui traduisait en kibangi les ouvrages élémentaires anglais mis aux mains de ceux qui fréquentaient l'école.

A la mission de Bolengui, près d'Equateurville, j'allais de temps à autre assister à une leçon à l'école du Révérend Banks, et mon plus grand plaisir était de prendre un de ces gamins, noirs comme encre, et de le planter devant un énorme globe terrestre sur lequel il me montrait l'Europe, la Belgique, l'Equateur, le point où nous nous trouvions; puis il me faisait le voyage d'Equateurville à Anvers, en suivant très exactement le Congo jusqu'au Pool, la route des caravanes, puis le voyage par mer qu'il détaillait au grand complet.

Aussi, je ne manquais pas à toutes nos fêtes, au 21 juillet, au 15 novembre, de leur envoyer une grosse ration de sel, 10 centimes pour chacun, et de prier les missionnaires de donner congé à leurs enfants, ce qui était toujours accordé.

On pouvait voir au compartiment congolais de l'Exposition d'Anvers des cahiers d'écriture, des travaux de dessin, etc., provenant de ces missions.

*
* *

Il me plaît maintenant de montrer aussi que les noirs Congolais ont du cœur, beaucoup de cœur.

« Sachez le mener, disait à la fin de l'an dernier Shanu à la Société d'études coloniales, et le noir se fera couper le cou pour vous. »

J'en pourrais citer des exemples à foison.

En 1892, un important groupe du Bas-Arouwimi, les Baondéhs, s'était joint aux Arabes pour ravager les environs.

Chaltin s'y rendit, mais ne put faire entendre raison aux Baondéhs, qui le provoquèrent au combat. A un moment donné, au tournant d'une large rue surplombant la rivière de 12 à 15 mètres, le détachement dont Chaltin avait la tête, se vit chargé par quatre rangs de lanciers, surgissant de toutes parts et l'entourant complètement. Quatre ou cinq minutes terribles s'écoulèrent, et à un moment donné, le commandant Chaltin vit se précipiter au-devant de lui un de ses soldats noirs, Moïo (1), qui l'aimait beaucoup, puis tous ensemble, sous l'impétuosité de l'attaque des Baondéhs, furent jetés du haut du talus dans la rivière ; la situation était critique, heureusement les pirogues étaient proches.

Chaltin était debout dans l'eau, tenu encore aux jambes par le noir qui s'était jeté devant lui. On les hissa dans une pirogue, et Chaltin constata qu'il avait la jambe ouverte par une sagaie, tandis que le brave Moïo avait été traversé d'une autre lance, destinée à son chef, qu'il avait couvert de son corps, et sauvé au péril de sa vie.

Il mourut quelques heures après.

Demandez au capitaine Chaltin si les noirs peuvent avoir du cœur? Si on peut les aimer et être aimé d'eux?

.   .   .   .

Les traits de l'espèce ne sont pas rares, et nombreux sont les officiers à qui des noirs dévoués ont

(1) Moïo veut dire ami.

dit : « Maître, ne reste pas à cette place, ne prends pas la tête de colonne, laisse-moi m'y mettre car je vois plus clair que toi dans la forêt. Tout à l'heure quand tu y verras, tu iras de nouveau de l'avant! »

.   .   .   .

Fin 1890, nous vîmes arriver à Léopoldville des noirs de Lagos et d'Accra, anciens serviteurs de Van Kerckhoven. Ayant appris le retour de leur chef, ils n'avaient pas hésité à s'embarquer pour Boma, payant leur passage de leur travail, puis, faisant la route des caravanes à leurs risques et périls pour venir dire à Boula-Matendé :

« Maître, nous voici! Nous avons appris que tu étais revenu pour une longue et dure expédition! Nous t'avons déjà servi trois ans! Veux-tu encore de nous? Nous voici. »

J'étais là quand parla ainsi le Houssa Salou arrivant avec une dizaine de ses camarades.

Van Kerckhoven était très ému; ses yeux brillaient de fierté et d'émotion. Et n'y avait-il pas de quoi?...

C'est que « Boula-Matendé » était un chef dans le vrai sens du mot, je veux dire un homme qui avait su inspirer à son personnel blanc et noir la confiance la plus absolue, comme aussi le dévouement le plus entier : tous ceux qui l'ont approché ont senti chez lui l'homme juste, réfléchi, clairvoyant, résolu...

Résolu!

Au cours de son extraordinaire prise de possession du bassin de l'Ouèllé, le médecin d'avant-garde lui déclare que son état de santé exige son retour en Europe.

Retourner en Europe quand lui, Boula-Matendé, n'avait qu'un objectif : « arriver au Nil ».

« Docteur, répondit-il, si je meurs, vous me couperez la tête et les bras, et vous les enverrez à Wadelaï. Si je n'y arrive pas vivant, qu'au moins j'y arrive mort ! »

Ces paroles antiques ne sont plus, hélas ! à la portée de tous.

Elles ne sauraient, en particulier, avoir d'écho au cœur de ces quelques déclassés, bons tout au plus à copier des lettres dans l'un ou l'autre bureau ou à promener le long des trottoirs leurs paletots jaunes et leurs têtes vides, et qui s'imaginaient qu'il n'y avait qu'à aller jusqu'à Léopoldville pour rapporter des sacs d'or. Arrivés à mi-chemin, l'immensité les a épouvantés et ils sont revenus crier aux badauds : « Congo, mauvaise affaire ; noirs, incapables de travailler ! » sans se donner la peine de voir, capables seulement de faiblesse et d'impuissance. La peur seule trouve action sur eux et fait travailler leur imagination pour trouver toute espèce de moyens justifiant la vraie raison qui les éloigne du pays noir : ils mentent.

Mais ils n'auront plus l'occasion de le faire longtemps.

Car le nombre des partants à deuxième terme vers le Congo augmente chaque mois.

. . . .

Quand Dhanis partit pour le Kwango en 1890, son escorte était faite de Zanzibarites et de Houssas ayant déjà servi sous ses ordres et qui s'étaient disputé à nouveau la faveur de partir avec « Fimbou-Mingui ».

.   .   .   .

Ce sont là des traits de dévouement de noirs pour blancs.

Puis-je en rapporter aussi de noirs pour noirs?

Oui. Je dirai un épisode du combat de Boëïa, ou mieux ce combat en entier, ainsi que nous le racontait il y a quelques mois le docteur Briart, de l'expédition Delcommune :

« C'était en juillet 1891.

» Boëïa, capitale d'un négrier arabisé, Simba, était défendu par un fossé, une levée de terre et une palissade.

» Nous étions trois blancs, le lieutenant suédois Hakansson, l'ingénieur Diderich et moi, et nous avions 70 Houssas.

» Devant nous 1,500 adversaires dont la moitié armés de fusils, le autres de flèches et de lances.

» Nos Houssas sont déployés en tirailleurs, et nous arrivons assez près de la ville : mais nos munitions vont être épuisées, trois de nos hommes sont morts, une douzaine sont blessés.

» Hakansson envoie Diderich aux caisses de car-
touches; la plupart de nos hommes les suivent et, à
un moment donné, nous nous trouvons abandonnés,
Hakansson et moi, avec deux hommes dont un blessé
que j'examine.

» Tout l'effort de l'ennemi se porte sur nous; coup
sur coup je reçois une ballette dans le coude et une
flèche dans le genou.

» La ballette ne me gênait pas, mais la flèche,
qui avait pénétré dans l'os, à la partie interne, à
environ deux centimètres et demi, pouvait être em-
poisonnée.

» Et alors je n'en menais plus large, d'autant que
les flèches qui pleuvaient de toutes parts menaçaient
de me transformer en « pelote ».

» Diderich et ses hommes ne reparaissaient pas;
je dis à Hakansson : « Je suis fichu, laissez-moi,
allez-vous-en. »

Mais le brave officier, au lieu de m'écouter, dépose
sa carabine, s'agenouille, et sans un moment d'hésitation, colle ses lèvres à la blessure et, tandis que le
noir encore debout tiraille sans répit, Hakansson
suce à fond la plaie, la nettoie au risque de s'empoi-
sonner lui-même, et me sauve la vie.

» Entretemps des hourras annonçaient le retour
des nôtres; l'assaut recommence; la ville des négriers
est emportée; l'incendie dévore bientôt le repaire
des bandits.

» Pour moi, j'avais été transporté au camp.

» Je me remis, vouant à Hakansson une reconnaissance absolue.

» Hélas! je ne me rétablis pas assez vite pour

reprendre à l'arrière-garde ma place de colonne. Comme à ce moment c'était la plus critique, Hakansson m'y remplaça pour son malheur; le 3o aôut, il était tué avec 12 hommes à Kikondja, près du lac Kassali, dans une embuscade tendue par les Baloubas. »

En nous faisant ce dramatique récit, le docteur Briart parlait d'une voix que l'émotion faisait trembler, et nous qui l'écoutions, nous sentions nos cœurs battre à l'unisson du sien.

Combien grande est la perte d'hommes aussi courageux? Combien leur souvenir se doit perpétuer?

Gardons en notre mémoire, avec les noms des De Bruyn, des Hanssens, des Coquilhat, des Van Kerckhoven, des de Wauters, des Fisch, le nom du courageux Hakansson, officier suédois mort en Afrique pour l'Œuvre du Roi des Belges.

Le récit de Briart fut complété par Diderich, qui nous conta un épisode de courage honorant les noirs à l'égal des blancs.

Après avoir incendié Boëïa, comme nous l'avons dit, le détachement reprit le chemin du camp.

Immédiatement derrière Diderich, venait un chef négrier prisonnier. Tout à coup, un coup de feu éclate si près de lui que Diderich se croit touché; il se retourne et voit foudroyé sur le sentier un noir qu'il prend d'abord pour un de ses Houssas. C'était un des hommes du chef négrier qui, après le départ d'Hakansson, avait enlevé la tenue d'un des soldats tombés à l'attaque du village, s'en était revêtu et, grâce à ce déguisement, était parvenu à joindre la colonne qui emmenait son chef prisonnier, à s'y faufiler inaperçu jusqu'à l'instant où, ayant rejoint son maître, il allait trancher d'un coup de couteau les liens qui le garrottaient; à ce moment le Houssa chargé de la garde du prisonnier, comprit ce qui se passait, et à bout portant fusilla l'héroïque serviteur, victime de son audacieux dévouement.

Le chef négrier se pencha sur le mort, les yeux pleins de larmes, disant : « C'était mon meilleur soldat. »

Cet événement remua les blancs jusqu'au fond du cœur et ils rendirent aussi hommage à cet ennemi mort en héros.

.   .   .   .

A ces traits d'attachement militaire, je veux joindre un souvenir personnel, que d'aucuns pourront trouver futile, et qui pourtant m'attendrit encore aujourd'hui.

Il y a un an et demi, je quittais l'Equateur en pirogue, en destination de Léopoldville d'abord, de l'Europe ensuite.

Un terme de quatre ans avait fort appauvri ma garde-robe et j'avais dû, pour être présentable, me faire confectionner un pantalon en guinée bleue, lequel, complété par un vieux veston jadis blanc, devait me permettre de faire aux Européens que j'allais rencontrer en route, une décente visite d'adieu.

Le lendemain de notre départ, nous arrivons en vue de la mission d'Irébou.

Mon boy exibe ma fameuse culotte et constate que le tailleur qui l'avait confectionnée avait oublié les boutons.

Grave embarras, car n'ayant plus d'autres vêtements, impossible de trouver des boutons.

J'allais me décider à ficeler ma culotte avec un bout de liane, comme Van Gèle faisait pour ses souliers, lorsque mon boy (ce dévoué gamin recueilli à Loukoungou et mort en Europe) me dit : « Attendez, Monsieur. »

Un quart d'heure après, mon pantalon avait des boutons d'une variété aussi complète que possible, c'est vrai, mais j'étais présentable.

Et tandis que d'une main il me tendait le vêtement, de l'autre le gamin me montrait une petite culotte rouge : « C'est pour aller dire bonjour à mes amis à l'Inkissi, je remettrai des boutons à Léopoldville. »

Brave enfant, ses yeux brillaient de plaisir, tandis que je me demandais combien de blancs seraient capables de pareils dévouements !

Il avait réuni un à un des boutons jetés ou perdus par l'un ou l'autre; il avait, en coupant et cousant sa culotte rouge, joui à l'avance de l'étonnement de ses amis lorsqu'au village, quitté depuis trois ans, il reviendrait si bien habillé. A cette culotte rouge que nous pouvions trouver si baroque, il attachait autant de prix que nos copurchics à leur smoking (et à plus juste titre)...

Et néanmoins, sans hésitation, il la sacrifiait pour son maître, parce qu'il savait que son maître l'aimait comme une bonne petite bête dévouée jusqu'à la mort...

Il m'a toujours semblé que Tonio avait autant de cœur que nous.

*
* *

Tonio était un pauvre mioche que les hasards d'Afrique avaient enlevé tout petit à sa mère. Il ne la connaissait pas et sans doute, pour cela, aimait-il d'autant plus le blanc qui avait assuré son sort !

Les hasards d'Afrique !

Il est des régions où l'on peut estimer qu'une moitié des enfants ne connaît ni père ni mère ! Là, la plupart des chefs voient dans leurs esclaves de véritables bêtes, dont ils vendent les enfants à bénéfice.

C'est le cas du Balololand, région que les hordes arabes commençaient à atteindre, venant razzier les villages et emmenant presque toujours quelques femmes et beaucoup d'enfants.

Ces petits êtres n'ont parfois que quatre à cinq ans ; ils étaient libres chez eux ; des bêtes à face humaine sont venues qui leur ont tué père et mère, qui alors les emportent.

Les pauvrets passent de main en main, de tribu en tribu, et grandissent à des centaines de lieues parfois de leurs villages ; les filles pourront un jour devenir lee favorites d'un homme assez riche pour les acheter lorsqu'elles auront la beauté du diable ; si elles sont jolies on les tatouera beaucoup ; elles auront un moment de gloriole, tôt passé, puis subiront le sort commun : elles enfanteront, mais leurs enfants ne seront pas à elles ; propriété du maître, celui-ci les vendra à sa guise.

Et pourtant ces mères noires savent aimer, et prouver leur attachement à leurs enfants.

Je n'ai qu'à puiser dans mes souvenirs, les exemples me reviennent en foule.

A la fin de 1891, j'avais décidé le chef de Bokatoula, dans la Loulongo, à me confier son fils, pour le mener jusqu'à Léopoldville.

Le désespoir de la mère, au départ de son fils aîné, était navrant.

En vain le vieux chef lui disait : « Aie confiance dans ce blanc qui a été bon pour nous. Ne nous a-t-il pas traités ʼn amis, alors qu'il pouvait parler en maître ? S'il ait le mauvais dessein de ne pas te ramener notre fils, pourquoi chercherait-il à te rassurer ? Ne peut-il l'enlever de force, et toi, et moi-même, et tous les nôtres ? Cesse de pleurer, femme ! Notre fils va faire un grand et beau voyage ; il ira voir les villages que les blancs construisent partout et dont parlent nos légendes ; et quand il reviendra heureux et content, il nous dira ces merveilles, et il élèvera devant notre case, au milieu de nos grands palmiers, une maison comme celles qu'il aura vues chez nos amis blancs, afin qu'à leur passage dans cette rivière ceux-ci viennent loger chez nous. »

Et la bonne vieille pleurait plus fort; nous dûmes nous arracher à ses sanglots et à ses cris de désespoir.

Mais, ainsi que le lui avait dit son mari, son fils revint, rapportant des présents de tout genre, car nous n'avions pas manqué de le combler et de lui recommander de dire à sa mère que les blancs avaient aussi, dans leur lointain pays, une mère qui avait pleuré en les voyant partir, qui souffrait et pleurait leur absence, et qui aspirait à les revoir comme la vieille femme de Bokatoula avait aspiré à revoir son fils.

.   .   .   .

L'année suivante, je retournais dans la même rivière Loulongo, y rapatriant trente volontaires, retour du Kwango, où ils avaient servi deux ans.

Lorsque, vingt-quatre lunes auparavant, ils avaient été engagés, c'était la première fois qu'on leur parlait d'enrôlements de si longue durée avec la condition d'aller servir au loin.

Pourtant ils avaient fini par se décider.

Mais quel désespoir chez les mères éplorées! Sûrement elles ne les reverraient plus! Ce blanc qui les emmenait les conduisait à la mort! Ou bien il les vendrait, ou bien il s'en servirait pour ses pratiques de sorcellerie!

Puis elles en avaient pris leur parti, et malgré les assurances qui leur étaient données à chaque occasion, elles demeuraient incrédules et pleuraient leurs fils perdus!...

Et voici qu'un jour pourtant je les ramenais!...

Comment dire l'explosion de joie délirante soulevant les villages?

Autrement entourés par les habitants que beaucoup d'entre nous qui rentrent au foyer, nos licenciés passaient de mains en mains, et tous pleuraient et riaient à la fois.

Quel cœur n'eût débordé de larmes devant ces mères embrassant les genoux du blanc qui avait tenu sa parole, et grâce à qui ces primitifs connaissaient pour la première fois la joie du retour des aimés longtemps absents?

Et nous-mêmes, sentant que, ce jour-là, ce cœur étroit des noirs venait de s'élargir pour abriter un amour maternel nouveau, plus grand, comparable aux sentiments de celles qui nous portèrent, nous-mêmes, dis-je, voulûmes manifester la part que nous prenions à la joie générale. Congé fut donné à tout mon monde; perles, grelots, miroirs furent distribués généreusement, et nous oubliâmes notre souper, retenus au milieu des groupes qui dansèrent et se réjouirent toute la nuit!...

. . . .

Ces scènes sont aujourd'hui courantes dans le Congo tout entier; le retour des contingents dont le terme est expiré est l'occasion de fêtes enthousiastes.

Il faut voir arriver, par exemple, une canonnière ramenant des Bangalas ayant servi au loin.

Depuis longtemps leur retour est connu, et dès que les clameurs « Sail oh! Sail oh! » ont signalé le bateau, des centaines de pirogues partent à toutes rames à sa rencontre et vont acclamer les arrivants. C'est à qui leur tendra la main, leur jettera quelques fruits, quelque morceau de poisson fumé ou d'antilope boucanée.

Les pirogues risquent de se faire couler pour tâcher d'aborder le steamer qui a dû ralentir, mais comment résister au plaisir de hâter le débarquement, d'enlever tout de suite l'être chéri!

Les « mamas » si vieilles, si ratatinées, sont venues dans les pirogues; elles veulent leurs enfants tout de suite, pour les embrasser à pleine bouche!

Et devant ces museaux noirs qui se frottent et se lèchent, nos cœurs de blancs s'emplissent à la fois d'émotion et de tristesse!

. . . .

Ah! les noirs sont primitifs, et par suite leurs instincts tiennent parfois de ceux des fauves! Mais ils ont des cœurs d'homme, et c'est notre tâche à nous, civilisés de toute catégorie, d'aller guider leur évolution et leur donner le bon exemple.

Les traits d'attachement filial et maternel existent d'autant plus nombreux que l'influence du blanc est plus forte, et que, grâce à sa présence, une plus grande sécurité est venue aux noirs.

Le monde civilisé se doit à ces populations qui ont besoin avant tout de sécurité; en la leur apportant, nous leur révélons l'âme et l'humanité à elles qui ne connaissaient encore que l'instinct et la bête!

Et les résultats obtenus sont la consécration irréfragable des espérances que nous fondons sur l'utilisation de la Race Noire pour le développement indéfini de son berceau!

*
* *

Oui, c'est l'aborigène congolais qui, sous notre direction, mettra lui-même son pays en rapport, d'autant plus que le Congo ne sera pas une colonie de peuplement (à part quelques régions restreintes), mais une colonie d'exploitation, où l'Européen, de par les conditions climatologiques, devra se réserver le rôle directeur, devenant chef d'atelier et de culture, maître d'école et éducateur! Et à ce propos, il est peut-être bon de rappeler que pour préparer l'épanouissement de l'œuvre congolaise, ce sont des fils de bourgeois, ou des hommes sortis des rangs ouvriers et que leur travail a faits ingénieurs, médecins, officiers, qui ont été les premiers ouvriers de l'Afrique; ils se sont faits briquetiers, charpentiers, maçons, mécaniciens, jardiniers, etc., etc.; ils ont cherché, au prix de leur santé et de leur vie, à préparer la voie à bien des ouvriers belges qui, profitant de l'expérience durement acquise par ces fils de bourgeois, iront, avant peu, occuper les places de contremaîtres, de chefs de culture et d'atelier, et gagneront largement leur vie tout en allégeant les charges de la mère-patrie.

Si la bourgeoisie avait une dette à payer à la classe ouvrière, n'est-il pas beau et consolant de voir ses fils prendre volontairement le rôle d'ouvriers au Congo, tant que ce rôle est encore ingrat et parfois dangereux?

*
* *

. . . .

Quant aux pays neufs dont nous nous occupons, ils protégeront d'eux-mêmes les aborigènes : le civilisé n'y saura essayer le système de réserves appliqué aux Peaux-Rouges d'Amérique.

Et ainsi ce sera de façon avantageuse pour tous, que nous remplirons en Afrique les devoirs qui nous incombent, à nous civilisés, dans l'émancipation de ces territoires arrachés d'hier à leur barbarie séculaire !

*
* *

J'arrêterai ici ce plaidoyer en faveur des aptitudes de la race noire au travail manuel et intellectuel, en faveur aussi de ses qualités morales.

Et je terminerai en reproduisant quelques lignes écrites par David Livingstone qui partit pour l'Afrique en 1840 et y mourut en 1873, ayant ainsi consacré trente-trois années aux noirs du centre de l'Afrique :

« D'après les faits que nous avons observés, nous disons que la traite, qui, à son origine, est une véritable chasse, oppose une barrière insurmontable à toute espèce de progrès ; et qu'en travaillant à sa disparition, nos hommes d'Etat ont fait preuve d'autant de sagesse que d'humanité.

» Par la réunion de leurs efforts vers ce but généreux, libéraux et conservateurs ont avancé le jour où la paix et la bonne volonté régneront parmi les hommes.

» La vérité de cette assertion deviendra plus patente si l'on réfléchit aux conséquences de l'esclavage. Non seulement il perpétue la barbarie dans les lieux d'où l'esclave est tiré, mais il influe d'une manière désastreuse sur la région où il existe. L'introduction du nègre parmi les blancs éloigne ceux-ci de tout labeur, et devient par cela même un obstacle au progrès de la Société.

» Rien n'élève un peuple comme le concours de tous ses membres à la prospérité générale ; comme cette joie du travail entrepris pour le bien-être de tous.

» Introduire dans le pays une race barbare (comme on a fait en Amérique), est une grande faute ; la dégrader en est une plus grande encore. Les meilleurs esprits s'abaissent au contact de la race servile, les enfants se corrompent ; l'avilissement de l'esclave réagit sur le maître, il le démoralise, et c'est celui-ci qui perd le plus.

» Vient un jour où les dégradés se comptent par millions. Trop nombreux pour qu'on les absorbe ou les déporte, il faut qu'ils restent où la force les a conduits. Si l'on ne parvient pas à les élever, ils feront descendre jusqu'à eux : pierre au cou d'une société qui se noie, drague inflexible, mal sans remède. Châtiment sévère pour les fils de ceux que nos propres ancêtres ont poussés au trafic de l'homme ; car si nous échappons aux maux qui découlent de cette souillure, c'est parce qu'on nous en a rachetés, non par l'innocence de nos pères ! »

. . . .

Qu'on se rappelle tout ce que nous avons dit au début de ce travail !

Et Livingstone dit encore en parlant de l'Africain :

« Nous ne doutons ni de son cœur ni de son intelligence.

» Quant à la place que le nègre doit occuper un

jour parmi les peuples, nous n'avons rien vu qui jus-
tifie l'hypothèse de son infériorité native, rien qui
prouve qu'il soit d'une autre espèce que les plus
civilisés.

» L'Africain est doué de tous les attributs qui
caractérisent la race humaine ! »

*
* *

C. Q. F. D.

Bruxelles, le 26 février 1895.

Lieut^t Lemaire Ch.

BRUXELLES

IMPRIMERIE SCIENTIFIQUE

CH. BULENS

22, rue de l'Escalier, 22